相信自己

「港湖女神」
高嘉瑜的無畏哲學

高嘉瑜——著

從相信自己到創造相信，化不可能為可能！

行政院前院長　賴清德

還記得第一次看到嘉瑜，一個瘦弱的女生在大太陽下，發送文宣、自我介紹。

這樣熱切誠懇的態度，很讓我感動！我仔細閱讀了嘉瑜的文宣，知道她有優秀的學經歷，北一女中畢業、台大法律系高材生，還擔任過台大學生會會長，也知道她從政背後的艱辛，選議員選到一半失去資格，選立委剛起步便被取代，隨即撥打文宣上的電話給嘉瑜，給予加油、打氣！鼓勵她好好努力一定有機會！但是我也提醒嘉瑜，第一次選舉就要挑戰台北市議員，困難度很高，如果沒選上也沒關係，可以回故鄉基隆蹲點耕耘，基隆需要更多的人才，我願意全力協助。

這是我跟嘉瑜結識的開始，之後，嘉瑜竟以挨家挨戶，跟著垃圾車跑的苦行精神感動了市民，不僅當選，還第一高票！進議會後，開始在政壇專業問政，靠著「不怕死」的精神揭弊，監督市政；也「視民如親」深入基層，解決各種問題，因此深獲好評，她在媒體上發光發熱，成為家喻戶曉的「港湖女神」，無怪乎連任的得票率再創新高，為台北市第一！

看到嘉瑜的傑出表現，除了在內心給予喝采之外，也常常在想：嘉瑜怎麼這麼勇敢？敢對抗惡勢力，敢言人之不敢言；嘉瑜怎麼這麼認真？願意花費那麼多心力去解決民眾多年來無法解決的問題，苦民所苦；嘉瑜怎麼那麼可愛？明明是一個美女，卻常扮鬼臉，動眼球，港湖女神自娛為擋泥板女神。讀這本書後，大家就會了解：沒有背景的嘉瑜能夠得到大家的支持，並得以為公眾服務，她內心是何等的感激！有道是一張票一世情，在嘉瑜的身上可以充分感受到，因為她深信，她的權力來自民眾，自然不畏威脅利誘，堅定的和民眾站在一起！

有時候，人生不是你選擇要做什麼，而是因緣際會，有許多人期待你做什麼，但無論如何，人生一輩子，就是要做讓自己血熱起來的工作，才能做得開心、做得起勁、做得用心，嘉瑜這本書讓我看到勇氣、力量、熱忱與自信心，這是從政者必須的，更是能成功的心法，但做得到的人少之又少。

我欣賞嘉瑜樂觀且不拘泥做作的態度，雖然也有人對她的做法不以為然，但我認為這就是她可以在政壇獨樹一格且廣受年輕人歡迎的原因，在混濁的政壇中，嘉瑜始終保持初心及純真，在人人都算計利益時，嘉瑜卻憑感性與直白，讓人看到真誠的一面！在這次民進黨總統初選，我很感謝嘉瑜挺身而出，在電視上公開支持我，為我辯護，並且在我初選的最後一項活動，車隊從屏東前進凱道時，她在風雨中陪我最後一哩路，沿途聲嘶力竭請大家支持，都可說明她不計較利害得失！是個真性情的人！

期待這本書讓更多年輕人找到在挫折中的勇氣與前進的力量，從相信自己到創造相信，這是一種化不可能為可能的力量，只要你願意相信自己，也讓別人相信你，最終一定能實現夢想。嘉瑜做到了，我也期待她在政壇帶來正面的力量與信念，開啟台灣新政治！讓更多年輕人相信自己、相信台灣，用相信帶來力量，用行動帶來希望！

在政治路上也許我們同樣孤單，但相信絕不寂寞

台北市長　**柯文哲**

我常說，政治其實很簡單，就是「對的事情做，不對的事情不要做，認真做。」高嘉瑜議員用自己的政治實踐，證明只要堅持，即使沒有任何背景，也可以從民眾身上獲得力量。

高嘉瑜做任何事情都是全力以赴，也能堅持理念，例如選舉的時候都不插旗。更有正義感，看到錯誤的事情都會馬上舉手，也常因為堅持做對的事被旁人不諒解。嘉瑜在書裡有一段話我很認同：「一時的批評與風波都不需要放在心上，只要我未來繼續努力，還是能有機會再得到批評者的認同。我的人生不是為批評我的人而活。做自己覺得該做的事，我問心無愧」。我認為這句話，完美詮釋了嘉瑜這本書名《相信自己》的精神。

高嘉瑜很有自己的想法，不肯隨波逐流。例如在二〇一八年的台北市長選舉，她就主張白綠合作；又如今年民進黨總統大選的黨內初選，她也支持

賴清德。連我都佩服她，不會人云亦云，不選擇走最安全的路。而她這樣堅持理念的做法，應是她會受到年輕人支持的原因。

如果大家有空，我特別推薦大家可以找高嘉瑜的市政質詢菁華來看。在議會殿堂，高嘉瑜始終扮演著優秀的代議士角色，她認真準備市政功課、對市政的監督毫不放水，對於我們市府不足之處有極大的反省作用，也因為高嘉瑜的這種精神與態度，才能屢屢高票當選。我也相信高嘉瑜的成就絕對不僅於此，只要她有機會更上一層樓，我一定也會「唯一支持高嘉瑜」，期待她在政治上發揮更大的貢獻。

高嘉瑜和我都沒有任何的政治背景，我在五十五歲時因為意外，踏上了從政之路，一路走來雖然風雨不斷，但仍然在新政治的路上，實踐著自己的人生哲學。高嘉瑜在二十四歲時就當選國民大會代表，憑著認真的態度及優秀的表現，早已是政壇的明日之星。謝謝高嘉瑜在市議會不懈的為民發聲、提供建言，在政治路上也許我們看似同樣孤單，但相信絕不寂寞。大家加油！

Contents

前言／

靠創意走自己獨特的政治路

一路走來，我始終相信自己。

我沒有背景，不計較成敗。面對艱困的目標，我用自己的雙腿與雙手，不畏風雨堅持走到最後一步，做到最後一分鐘。

成敗是他人評價，而我只在乎是否問心無愧。

我沒有包袱，不屑當虛假的政治網紅。不理會他人的批判，以民意為優先，我的每一句話與每一個決定，都只呈現真實的自己。

在我心中沒有算計，你看到我做的所有事，都來自初心。

我靠創意走自己獨特的政治路。成事不在背景、資源與條件，而在於相信自己所湧升的能量。我能從每一次嘗試的過程中，得到珍貴的經驗，或是發現過去不曾見識過的風景。

達成目標並非目的，而在於自己是否能在一次又一次嘗試中提升。

我不理會他人的錦上添花，只在乎自己是否悔恨。錦上添花者多，雪中送炭者少。我不需要永遠被追捧為女神，而更在乎自己是否能做雪中送炭的那個人。

來自基層，回饋於基層。民眾一票票投我出來為他們發聲，我總是時時提醒自己莫忘傾聽身邊的人事物，常存感恩。

透過這本書我想告訴你：**出身條件不會決定你的未來，勇於挑戰、接受失敗、突破挫折能為你累積實力。**

在《相信自己》中沒有豐功偉業的吹捧，而是將我一路走來、在我笑容之下的心路歷程，真真實實地呈現在你的面前。

請相信，當你一無所有時，給自己一段堅持努力的時間吧，高嘉瑜做得到的，你一定也能做到。

第一章

哭到差點斷氣的小小高嘉瑜

五歲之前，我在基隆西南方的七堵成長。

在七堵當地，從我曾祖父那一輩起，高家在市場便是小有名氣的商販家族，到我爸爸這一輩，也是一家四兄弟都在做生意。在四兄弟中排行老四的爸爸，則和哥哥們一起照顧百貨行。

一九八〇年，爸爸和剛從五專畢業的媽媽，有了第一個孩子，是個哭聲中氣十足的女孩，他們將這個一哭起來就沒完沒了的女孩取名為高嘉瑜。直到現在，這個女孩——我，不管說話或是做事都仍是大鳴大放、中氣十足。

我那執著與不喜歡被人唬弄的性格，從小就表露無遺。

記憶最深刻的是在兩、三歲時，有個阿伯逗著我玩，說要給我糖果吃，但他卻食言了……我當下氣得大哭，哭到嘴唇發黑，到最後竟然哭不出一丁點聲音……媽媽以為我已哭到斷氣，著急地跟三伯母一起將我抱到隔壁診所。

診所醫生不慌不忙地左拍拍、右打打，直到我又再哭出聲，媽媽這才放心。

長大後健檢才得知，原來我的心臟二尖瓣閉鎖不全，當年我哭到上氣不接下氣，真的很可能會要了我的命啊！

不需要大人看顧的獨立女孩

五歲之後，爸爸的三個哥哥在基隆市信義市場附近合買了間一樓店面，讓我爸爸來這裡開創新天地，將高家的百貨行精神擴延到人口更密集的基隆市。

爸爸從此和其他兄弟分家，我們舉家搬遷。搬家的第一天晚上，弟弟也在這個好日子呱呱墜地，連同妹妹我們一家五口，就在這裡安頓下來。

百貨行真的是什麼都賣。從枕頭到床罩涼蓆，從學生制服書包到女生用的化妝保養品，甚至還幫學生繡學號，幾乎是無所不包。

一家店只靠我爸媽兩人，他們從早忙到晚，整年只有在過年初一到初五時能夠休息，可想而知，身為長女的我得擔起照顧弟弟妹妹的責任。

整天忙進忙出的爸媽，忙到沒時間煮飯時，有時候我會去買一碗切仔麵，就和弟弟與妹妹分著吃，簡簡單單就解決一餐。

而早餐若媽媽沒空準備，跑腿買早餐也是長女的任務之一。

我們家附近有一間很有名的燒餅油條店，每天早上客人絡繹不絕。有一天我去買早餐，在老闆面前站了很久，老闆卻沒有理我，當時我心裡十分著急，想到上學快來不及，大家都在餓著肚子，感到一陣心酸與委屈，竟然就當著老闆的面大哭了起來……老闆被我嚇得趕緊打包餐點，最後戲劇化地買到了早餐……幸好這次沒再哭到嘴唇發黑、送醫急救啊。

弟弟與妹妹小我四、五歲，我這姊姊身肩保母與保鑣任務。還記得家附近有間香舖，香舖家的孩子多，年紀比我們大上幾歲、身材一個比一個壯碩，我們家小孩就成為他們的欺負對象了。

當我與弟弟妹妹在家附近玩耍時，香舖家的孩子一看到我們，會故意過來把我弟我妹推倒。這時候我會爆氣站出來：「幹嘛推我弟我妹！有膽來跟

身肩保母和保鑣任務，從小就與弟妹感情很好。

我打啊，誰怕誰！」

有沒有真的打起來我不記得了，頂多就是兩邊推來推去吧。

從小我就對大欺小、強欺弱看不順眼，絕對不會隱忍或是視而不見！

出門叫賣難不倒我

爸媽一年三百六十五天幾乎都在工作，孩子們除了很小就必須學會獨立，能出遠門去玩的機會更是微乎其微。

記憶中小時候最開心的事，是晚上十點收店後，爸媽帶我們去基隆廟口吃牛排，或是去熱炒店叫幾盤菜一家五口圍坐著享用，又或是過年期間全家去野柳看女王頭，對我而言，這些就是最幸福的時光了。

在我國小四年級前，我們一家的生活起居，煮飯也好、睡覺也好、做功課也好，都在一樓店面的閣樓裡。這閣樓雖然不大，但卻是我們溫馨的天地。有小巧實用的廚房、客廳與廁所，一間給阿嬤住的小房間，以及一間全家五口睡在上頭的通舖房，麻雀雖小五臟俱全。

當媽媽傍晚五、六點在閣樓煮晚餐，爸爸剛好外出送貨時，我就從閣樓「咚咚咚」跑下樓，幫忙看顧一樓店面。

到了晚上，我常常一邊看八點檔連續劇，一邊就在餐桌上做功課。九點連續劇播畢時，功課也差不多做完，書包收拾好就咕嚕咕嚕滾上床睡覺，完全不需要大人盯。

除了幫爸媽顧店，從小三、小四開始，我也幫爸媽出門去擺攤。

每當離店面不遠的崇佑企專開學時，爸媽會在山下擺著臉盆、涼蓆、被子等住校生的必需品叫賣，個子小但聲音洪亮的我，就在一旁幫忙吆喝招攬生意或是收錢找錢。

當時我一點也不覺得辛苦，甚至覺得做生意是個很有趣的遊戲哩！

活潑的童年時光。

被禁止綁公主頭上學

小學讀的是離家走路只要五到十分鐘的中興國小。還記得小時候的偶像是伊能靜，我想綁著跟她一樣漂亮的公主頭去上學。但媽媽實在太忙，早上她沒空幫我綁頭髮，於是我就自己試著弄，每天早上花了很多時間綁了個自以為完美、但其實奇形怪狀的公主頭，再急急忙忙跟著路隊上學去。

媽媽對我每天早上花這麼多時間弄頭髮不以為然，居然跑去跟班導告我的狀……有一天我被班導找去，她對我說：「高嘉瑜，以後妳不准再綁公主頭來上學！」

我當然乖乖聽媽媽和老師的話，不再綁公主頭上學，可是公主頭從此成為我的嚮往、我的執著、我的陰影，現在更成了我的「人設」，如今公主頭是最令我安心的造型。

班導那句禁止我綁公主頭上學的指令，在整個小學生涯中不斷在我腦中盤旋，後來甚至演變成「不能綁公主頭＝不能綁頭髮」。

直到六年級有次運動會，我不想披頭散髮參加比賽，於是「偷偷」綁了個馬尾到學校，從動手綁頭髮開始心中就七上八下，到學校後更戰戰兢兢不敢被班導發現，綁個頭髮就像是做了什麼天大的壞事！

沒想到，還是被班導看見了，但出乎我意料，她看著我的馬尾卻一點反應也沒有……我這才明白，在我心中糾結了這麼久的頭髮情結，根本沒那麼嚴重，可見老師的一句話，真的會影響孩子好久好久，甚至是一輩子的影響。

活潑又愛說話不可以嗎？

我是個活潑好動的小孩也是兇悍的小女孩。小時候下課總會跟同學去操場玩躲避球，常常玩到滿身大汗，甚至印象深刻有一次拿鉛筆盒把隔壁男同

（上）小學時與同學合照。
（下）【左一】參加運動會活動。

學的門牙打斷了，到現在還是同學們的話題，完全不是乖巧文靜的小女孩。

我也是個愛說話的小孩，很喜歡和同學聊天，有時候聊得欲罷不能，連上課都要繼續跟同學你一言我一句，說個不停。

儘管在學校算是個好學生，但班導可不會放過我，為了「暢所欲言」，我被她罰了好幾次。

一次是上課中被班導叫起來，她生氣地說：「高嘉瑜！妳把臉朝向窗外站好，我不想再看到妳的臉！」

另一次則是直接把我趕出教室，她說：「高嘉瑜，妳去教室門口旁邊的走廊半蹲！」

這臉可是丟大了！走廊可是人來人往的地方，在這裡半蹲會被其他同學和老師看到，而且，也會被隔壁班那個寫情書給我的男生看到……自尊心受損，我難受，想哭。

還有一次跟說話無關，而是我在下課時間踢了班上男同學的椅子一腳，那位男同學可能跑去跟班導打小報告，到了上課時間，班導叫我站起來，她說：「高嘉瑜，妳那麼愛踢椅子，我罰妳踢某某同學的椅子一百下！」

又一次毫不留情地在全班同學面前處罰我，我不敢不從，一下又一下踢著那位男同學的椅子，踢得我的腳好痛好痛……

活潑愛說話有錯嗎？

有時候，我不懂老師要對我如此嚴厲，只能這麼想：也許班導對我的期待特別高，因此給我的標準也特別高。

會覺得班導對我期待特別高，是因為她有時候還是會稱讚我，例如我代表班上去參加作文比賽得了名次，她會說：「高嘉瑜，妳的作文寫得很好。」

又或是，她會派我代表班上去參加午間讀國語日報活動。

由此可見班導的確對我「愛之深，責之切」，小學六年級畢業前的成績單上，導師給我的評語是「妳是老師最值得驕傲的學生-聰明、用功、活潑，也是老師最操心的孩子，做人做事都要穩健，不要輕浮」，看來性格真的是從小就注定了，而這輕浮的個性似乎到現在都改不了(笑)。

國中成績開始嶄露頭角

小學中低年級時，爸媽不是特別在意我的成績，雖然成績單都是優，但我並不會努力想要每科都考滿分或當模範生、班長，直到小學五、六年級開始因為隔壁鄰居媽媽邀約，爸媽才讓我跟著鄰居小孩一起去基隆知名的補習班學文社補習，老師和爸媽這才發現我滿能唸書的。

補習班會定期舉辦國語、英語、數學各科的小考，每個禮拜都會有成績排行榜，我常常排在第一名，時常拿著補習班發放的獎品書籍回家，從那時開始，我才知道原來我是會念書的學生。

基隆的小學生會去補習，是為了要進入基隆的國中升學班。例如中正國中的民俗體育班、管樂班，銘傳國中的數理資優班，成功國中的英語班……

這些都是當時升學與才藝並重的班級。

想要進入以上班級，除了考學科還要考術科。學科絕對沒問題，但術科我就沒有百分百把握了。

我的第一志願是中正國中民俗體育班。學科我以高分通過，沒想到術科在考扯鈴時，一個拋繡球動作我漏接……就這樣與民俗體育班擦身而過。原本我選擇去念成功國中英語班，但沒上幾天課，我又再轉回中正國中，進入管樂班就讀。

當時的國中老師幫我選了個很難的樂器——小喇叭。這令我十分不解，按照我的外型應該選的是長笛啊！師命難違，我勉強接受小喇叭這樂器，日後練得不怎麼樣也不難理解了。

才藝練得不怎麼樣，成績可是響叮噹。國一的第一次月考，我考了個全校第一！八科七百九十七分，震驚全校也嚇到我自己，從這次考試起我確認自己是塊讀書的料。幸運的是，從小到大，我並沒有把考試看得很重，也從來沒有考第一名的壓力跟努力，但總是能夠考到很好的成績。

其實我念書沒有什麼訣竅，就是上課很專心。我按照國小的作息，一邊看八點檔一邊寫功課，九點一到就上床睡覺。或許很多人會訝異，這樣念書也能考全校第一?!

當時有個同學每天跟著我一起花二十到三十分鐘走路上學，中正國中在山上，必須要先登上階梯，穿過崇佑企專後抵達學校。

這位同學每天都唸書唸到十二點，對於我說每天晚上九點睡覺還可以看八點檔不可置信，質疑我：「高嘉瑜妳一定是熬夜偷念書啦，怎麼可能每天九點睡可以考全校第一？」

我說：「沒騙妳啦，我是上課時就已經把老師教的都記起來了，作業也是能在學校寫就盡量寫，而且在看八點檔時，我會利用廣告時間把課本拿起來複習喔。」

之所以我會在上課就把書本記起來，就是為了回家能看八點檔，又因為

（上）與好朋友合照。
（下）【第二排左一】全班出遊。

爸媽規定每天晚上九點要上床睡覺，所以上課時我精神很好，也不會打瞌睡。

我覺得很多人熬夜唸書，上課打瞌睡，回家念書又精神不好，這樣惡性循環真的很難把書唸好，所以我很感謝爸媽要求我養成早睡早起的習慣，從不讓我熬夜唸書。

除了自己的讀書習慣，媽媽也是幫助我的大功臣。

由於外公過世得早，外婆便將撫養家中七個女兒的責任一肩扛起。雖然媽媽從小書也念得不錯，高中考上了景美女中，可是進普通高中再上大學，念完書至少要花七年時間，她只好選擇台北商專，一心想著五專一念完，就要出社會幫家裡賺錢。

可是人算不如天算，媽媽在畢業前認識了她此生的真命天子，還沒出社會就進入家庭。媽媽不少同學目前在銀行界工作，以媽媽的聰明才智，跟同學一樣進入銀行界工作的話，也許現在已爬到不錯的位置了。

我媽難免埋怨，好好一個台北商專畢業的高材生，如今每天在家裡顧店做生意，還要照顧三個蘿蔔頭，以現在來說，就是被家庭耽誤的銀行家啊！

媽媽將她的期待，轉移到我的身上。

從小學開始，媽媽就會從一本厚厚的數學題庫中，每天抽出五到十題叫我帶去學校解題，下課回家後要拿給她檢查。

由於從小接受她的數學訓練，數學這個科目對我來說得心應手。還記得參加北區公立高中聯招（北聯）時，我的數學考了滿分。總算不愧對媽媽的指導。

但其實從小爸媽從不要求我們家小孩要考一百分，或是要考上第一志願，他們讓孩子自由發展。

我呼吸著自由自在的空氣長大，關於這一點，我要特別感謝爸媽。

只能幫同學提樂器的管樂班「首席」

在班上是英文小老師，是從小被媽媽栽培的數學資優生，更是全班第一名（也算是首席吧）……但在樂器的表現，卻怎樣都不盡人意。

人總要有些缺憾才有成長與進步空間，每個人都有自己的長處與優點，我是這麼安慰自己的。

國二時，管樂班有個能去日本名古屋濱松演出的機會，身為管樂班一份子的我當然得去，但在樂器表現不佳的我，根本沒有上台的機會，這一趟日本行，只能幫同學提樂器啊。

不過老實說，我一點也不在意，甚至覺得能在台下看同學們的表演，實在是太棒的享受！

我更期待的是演出結束之後和同學們一起到處觀摩的時光。表演結束後，我們去了東京迪士尼、箱根蘆之湖、富士山、京都金閣寺、奈良大佛、瀨戶內海、九州福岡與熊本……從日本中部地方玩到關東，再從關東玩到關西與九州，這趟出國觀摩旅遊，讓我大開眼界。

我從不覺得成績好的人有什麼了不起，同學來問我功課上的問題，我也很樂意教他們。

我不拘小節、有時候會在課堂上突然大笑的爽朗性格，在班上頗受歡迎，畢業時，許多同學在畢業紀念冊上留言給我，這些珍貴的字字句句，至今我仍然好好地留存著。

同學們對我的評語可以看出我的個性：「妳給大家的印象就是課業頂尖，並且時常發出一鳴驚人的笑聲」、「在課堂上突然地大笑，雖然妳經常如此，但是我希望妳能改進它，不然的話，妳可能會有some problem」、「克制一下自己，別動不動就在一聲狂笑」、「妳的率真毫不加以掩飾的態度，令我對妳非常的欣賞」、「現在我終於不必擔心我的嘴巴會因為妳而裂開(笑壞了)」還有人寫說，國一、二時，對高嘉瑜的印象就是「怎麼有一個瘋女在我們班」，直到國三坐在高嘉瑜後面，才完全對她改觀，「那段日子，真令人懷念」。

其實國中的我更證明了我從小就是一個做自己，不在意別人看法的人，我不會因為念管樂班又是班上第一名就認為沒登台表演很丟臉而難過，因為那不是我想要的，我也不會壓抑自己動不動就大笑的個性，雖然打擾同學上課很不好意思，我更不會因為自己功課好就害怕同學功課比我好而吝於教同學課業，因為考試成績也不是我在乎的，我不會為了迎合別人而做自己不喜歡的事，我就是一個活得自在、做自己的人。

第二章

當選台大學生會會長，開啟從政之路

前面曾提過北聯的數學我考了滿分，加上其他科也考得不錯，放榜時，北一女我榜上有名，不止爸媽開心，學校老師們也高興不已。

基隆跨區考上北聯、而且還是北一女的學生少之又少，因為我是英文小老師，所以英文老師還特別招待我們幾位考得好的同學到香港去看歌劇魅影，那真的是一段開心的日子。

我開始從基隆每天通車到台北上學的日子，闖進台北這個令人眼花撩亂的大觀園。那時每天早上六點我跟另一位考上北一女的同學一起搭她媽媽的便車到學校，我必須一早從我家走十五分鐘到文化中心搭順風車，有時不小心晚了幾分鐘，當時又沒手機，常常站在約定的地點提心吊膽不知道是不是錯過便車，又要從文化中心走到火車站搭車，就這樣開始了高中通車上學的人生。

高一我被分到禮班。

禮班在北一女屬於理組的班級，由於班上跟我要好的同學都決定選文組，我考量到數學是我的強項，選文組對我來說在聯考時很有利，因此高二時，我和好朋友們便一同轉到屬於文組的和班去了。

雖然我和國中同學感情不錯，但直到現在還保持密切聯繫的，都是高中同學。

我們培養出如姐妹般的情誼。放學後一起去補習，補習不是為了成績，而是喜歡補習前大夥聚在一起吃東西聊天那段歡樂時光。

段考一考完，我們便一起去西門町唱KTV，當時最愛唱范曉萱、徐懷鈺的歌。我的「歌藝和歌膽」便是在那幾年練出來的，不管是博恩還是柯P來跟我K歌，我都沒在怕的啦！

從北一女儀隊脫逃

北一女樂儀隊世界聞名，是眾所皆知，不過想加入樂儀隊可不容易。除了身高條件之外，教官還嚴格要求學業成績，若想加入儀隊，各科平均要八十分以上，樂隊的門檻更高，得要平均八十五分才行。

儘管我國中讀的是管樂班，還是小喇叭專修（雖然練得不怎麼樣……），但高一時我的平均分數八十四點八，雖然差一點點就可以進入樂隊，但其實儀隊才是多數人的首選，因此我便開心地進入儀隊。看著學姊們英姿颯爽的樣子，幻想著自己有一天會跟她們一樣成為眾人目光的焦點。

只是沒想到儀隊看起來很威風，但訓練卻令人苦不堪言。

除了必須用課餘和假日時練習，練習操槍時被槍打得身上青一塊紫一塊，還必須遵守嚴格的學姐學妹制。

學姐要妳把背挺直，就絕不能駝著背被她看到；學姐要妳蹲下，就絕不

（上）高中時與師長。
（下）與北一女的同學。

能站著……久而久之，我懷疑自己是否適合這種軍隊化管理？

質疑體制、獨立思考，或許從那時就已現端倪。

還有當時儀隊也依身高分成四小隊，我被編為最矮的第四小隊，當下我覺得有點被貶低的感覺。因此我毅然決然自請離隊。

成為儀隊的一員走路有風沒錯，但自由價更高！

第一次海外long stay

高中二年級升三年級暑假，同學邀我一起去英國倫敦遊學，這一趟遊學可是要花十幾萬台幣，對於家境小康的我來說，是一筆大數字，我並不是非去不可。

那位同學的爸爸是一位知名律師，他打電話跟我爸媽遊說為什麼非得要讓孩子去這趟不可，在名律師的說服下，我有了這趟難能可貴的經驗。

一開始住的是黑人寄宿家庭，這家庭收寄宿生是以賺錢為目的，在浴室洗澡超過時間，寄宿爸媽就會敲門催促我們趕快出來，怕增加他們的水費。早餐也只簡單弄了加水的柳橙汁，再配兩片烤焦的吐司，把伙食費降到最低。

去向海外遊學團代辦公司投訴之後，代辦公司雖然幫我們換到另一個寄宿家庭，但還沒來得及整理行李，就被寄宿家庭的黑人父母把我們的東西都丟在門口了，我跟同行的友人，雖然還是高中生，但也只能自己拖著行李到另一個寄宿家庭。

好在新的寄宿家庭是個好客而且大食量的白人胖媽媽，她常準備很多豐富的餐點，完全符合我們的需求，這才真正安頓下來。

這也是我第一次體驗身邊沒有師長與父母，獨自打理身邊大小事的生活。自己坐地鐵去上課，自己搭跨國火車去臨近英國的其他國家，在陌生的國度、陌生的街道上，聽著陌生的語言。

（上）海外遊學初體驗。
（下）寄宿家庭的小朋友。

我感受到自己已經一腳踏進成人的世界，認為自己很快能獨當一面，擁有面對更多未知、更多挑戰的力量。

大學聯考全國前四十名

為了準備大學聯考，節省上下課通車時間，高三時我到台北的姑姑家借住。姑姑家環境不錯，有幫傭幫忙打理三餐，對於我來說的確是能安心念書的好環境。

還記得大學聯考時，我跟家人說不需要來陪考，就這麼一個人搭公車去考試。

一方面是從小習慣獨立，另一方面也是對考試這回事處之淡然，不需要有定心丸在身旁陪伴。

收到成績單，考得比我預料的好。從高一到高三都當班上的數學小老師，我心裡明白數學最是胸有成竹，成績單上的數學是滿分。

其他科目在無壓力下也超常發揮，我的總成績是全國前四十名！

這樣的成績不管填哪個科系都上得了。當時爸爸幫我填志願卡，從第一志願台大法律系法學組一路往下填，最後，當然是台大法律系法學組金榜題名。

但老實說，當時我對法律並沒有太大興趣。

我喜歡小孩，若要問我志願，或許我會說想當個幼稚園老師；我喜歡表現與說話，或許我很適合當導遊，帶團到各地去玩、說故事給團員們聽；又或許當個美髮師也不錯，我喜歡綁頭髮、編頭髮，幫別人弄得漂漂亮亮的，自己心裡也會跟著開心。

至於當律師或是政治家，在當年確實沒有多想，卻自然而然就這麼走上了法律與政治這條路。

出馬競選台大學生會會長

剛進台大法律時，我是有些不適應的。

沒辦法很快與班上同學熟稔，也找不到上課的熱情與動力，漸漸地我並不常出現在課堂上，反而是跟校內與校外熱中於政治的朋友走得近。

這些朋友十分關注學生自治以及公共議題，在耳濡目染之下，我也開始關心這方面的事務。

朋友們一致認為我適合走到群眾面前，為民意發聲，於是我被推上檯面——第一次出馬選舉，是參選法學院學生代表，並且順利當選。

接下來則是台大學生會會長選舉。

當時台大校園裡有兩股勢力，一股勢力是國民黨刻意扶植的學生領袖，他們長期把持校務，跟校方關係良好，將外面選舉的請客吃飯風氣帶到校園，例如請學生去五星級飯店吃飯或是透過學校宿舍生自治會綁樁。

另一股勢力則是自稱改革派的我們，我的朋友與學長們都是改革派的成員，為了與傳統的舊勢力抗衡，他們力推我出來參選二〇〇一年第十四屆台大學生會會長。

受朋友與學長之託，我義無反顧披上了戰袍。

令我意想不到的事，是我的競爭對手，竟然是我的高中同學！高中時我們並不熟，印象中她是個安靜的人，在班上也不常與同學互動，真的沒想到她竟會參與學生會長選舉。

前面提到傳統的舊勢力擁有較多資源甚至政黨奧援，他們的慣用手法是請客吃飯綁樁。

而身為改革派的候選人資源有限，我的競選方法是從零開始。每天晚上我帶著兩位學弟親自走訪台大男生宿舍，一間間敲門拜訪與拉票；女生宿舍我則單槍匹馬上陣，敲開一位位陌生女同學的心門。

英氣逼人的大學時期。

白天課堂時間，我則是去到每一個系所，利用下課時間上台說明自己的理念。學生會選舉有史以來只有我這麼「勤走基層」，這風格到現在都始終如一。

我當時主打的選舉政見是「宿舍裝冷氣」。這政見在過去也曾有學生會候選人提出，但從沒有實現。

我則保證：在我高嘉瑜任內，一定讓它實現！

在有限的資源下把自己燃燒到無限大，在投票當天，我還是輸給了傳統舊勢力推派出來的高中同學，但這次投票是有弊端的。

透過學校老師的暗中幫助，我們發現選舉人數與實際選票是有落差的，有的票箱中出現幽靈選票，沒想到台大的選風敗壞至如此地步！

因此我們發起選舉無效之訴，請學生法庭查辦此事。學生法庭內的法官是台大法研所的學長姐，在法官的調查後，同年九月七日，學生法庭判決此次選舉無效，得重新選舉。

重新投票後，我當選了台大第十四屆學生會會長。我是繼第一屆學生會會長羅文嘉之後，少數幾位擺脫傳統舊勢力拿到勝選的改革派候選人。

而對手的手段與競爭過程的艱辛，為我未來的從政之路先上了重要的一課。

競選時的承諾一一實現

當選學生會長後，我開始一一履行競選時的承諾——請校方評估宿舍裝設冷氣的相關配套，以及在台大側門新生南路靠近麥當勞的馬路上鋪設斑馬線與架設紅綠燈。

以往這一段馬路沒有斑馬線與燈號，台大學生往往趁沒有車子通過時，闖過馬路去麥當勞買東西，新生南路的車行速度又快，時時險象環生。

學生會透過校方請市政府相關單位來會勘，市政府的說法是：由於在前方已有斑馬線與紅綠燈，在五十公尺內不能再鋪設另一條。

我則提出彈性方案：「為什麼不能將前方的斑馬線與燈號再往前移？距離拉開之後，不就能再設置另一座燈號？」

台大校方與市政府後來都採納了我的建議，宿舍冷氣與麥當勞前的斑馬線與燈號，在日後都一一落實，讓後來的台大學生享有福利。

而在我會長任期內，台大發生最重大的一次爭議事件，就是校長陳維昭配合教育部的政策，一意孤行要取消次年清明節的春假。

在二〇〇一年十一月六日的校務會議上，取消春假的表決居然獲得通過！

其實當時不只學生，教授們也想放假，只是不敢表態。身為學生會長的我，當然必須站出來為台大全體師生發聲，當時我很快地著手研擬春假議題問卷，以及發動連署，並且寫了一份學生會聲明：

（上）積極參與公共事務。
（下）與大學時期的朋友合照。

關於校方決議取消本學年度春假一事，學生會的立場及行動如下：

1. 學生會認為，關於上課日數及時數之重大調整，校方應經過與學生之協商後方得為之，在協商前不應片面更動；同時，春假之施行為數十年來之慣例，學校率爾取消之，將嚴重影響學生個人及社團活動之規劃，是故學生會強烈堅持本學年度之春假應予維持。

2. 學校提昇教學品質為值得鼓勵之事，但透過何種手段則應審慎斟酌，諸如嚴格執行教師考評，及更新校內軟硬體教學資源，均為比較可取之方式，今校方僅考慮增加上課時數，而不思改進教學品質，實不可取，同時假期之大量刪減，亦將影響師生上課意願及效率，故學生會亦主張不宜取消春假。

3. 學生會業已和學務長秘書室取得聯繫，正待其回覆學生會與學務長之會晤時間，屆時必表達上述立場。學生會也將持續關切此事，務求同學之相關權益不受損害；並將聯合校內其餘學生自治組織之校務會議代表，於校務會議時，共同反應全體同學對於春假此事的意見。

學生會長 高嘉瑜

2001/11/28

在學生會的奔走之下，二〇〇二年一月五日舉行的第二次校務會議中，學生會將問卷與連署結果提供給當時的台大學務長溫振源，在場的多位教授也終於說出心聲，一面倒的希望台大能按照往例放春假。

學務長溫振源接受了師生意見，在這次校務會議中，決議恢復春假。

學生會持續一個多月的努力與周旋，原本被取消的春假，終於失而復得。而這一次事件透過PTT的散播，也獲得媒體的關注。

日後校方再也沒有提起取消春假的議題，這是台大學生會史上的一次重大勝利。

第三章

立委助理與客委會歷練行政經驗

進入大學之後，我如脫韁野馬一般，在追尋自我與課業之間悠遊自在。許多功課好的學生，考進了好大學，但並不知道自己真正想做的事是什麼。對我來說，在大學找到自己的興趣與志向，比每堂課乖乖報到以及考試名列前茅還更重要。

在仲裁協會見識大律師的攻防

就讀台大時我一方面參與學校公共事務，一方面以打工磨練法律與政治實務。

當時我一邊當家教，一邊在仲裁協會打工。仲裁協會是民間與政府機構之間的仲裁單位，當民間企業的工程單位與政府機構的契約出現爭議時，若要循法律途逕有時候曠日廢時，經由仲裁協會中的律師或工程界人士作為仲裁人，依據案件內容來判決，速度會快得多。例如台北市的大巨蛋案，便是交由仲裁單位來判決。

去仲裁協會打工，一般都是法律系學生，而工讀生主要的工作內容，是將開會過程錄音下來，再打成書面會議紀錄。

在仲裁協會工讀的時薪相當優渥，一個小時三千元。那時候仲裁人都滿願意把案子分給我，一個月收入二、三萬不是問題。

除了收入不錯，在仲裁協會工作也是很好的學習。顧立雄與李家慶律師當時便是仲裁協會裡的大律師，在審理案件時，一邊做會議紀錄，一邊看著大律師們與工程單位之間的攻防，過程很是有趣。

考上台大國發所後自薦國會助理

考上台大國發所之後，我仍繼續在仲裁協會打工。

讀研究所時，我思索著是否將來就選政治這條路一直走下去？並心想：

或許國會助理是個不錯的試驗與起點？

由於曾當選台大第十四屆學生會會長，而當時任職立法委員的羅文嘉，也曾是台大第一屆學生會會長。雖然那時他並沒有徵助理，我打定主意毛遂自薦，先打了通電話到他的國會辦公室，詢問是否能先傳履歷表過去。

不管是兼職或是正職的國會助理都行，我在履歷表中寫著：希望能有開始了解與參與政治的機會。

過了幾天，接到了請我過去面試的電話。

時任立委的羅文嘉將要親自面試我，我不免感到緊張。

羅文嘉問了我幾個問題：「為什麼想做立委助理？」、「作為一位立委助理，妳有哪些事想做？」……經過不到半小時的面試，他說：「嘉瑜，妳就直接來上班吧，歡迎妳！」

一開始羅文嘉並沒有規定我該做什麼事，記得每天早上上班時，我會先幫他倒好水，再幫他整理桌面，由此開啟一天的工作。

有一回我不小心把他慣用的、寫著名字「羅文嘉」的馬克杯打破了，原本擔心會受到他的責怪，但他只是一笑置之，沒特別說些什麼。

羅文嘉是非常體恤下屬的長官，一直以來都是如此。

擔任國會助理期間，印象較深刻的是關於台灣寬頻上網的法案。十多年前寬頻上網不僅速度慢，上網費率也十分昂貴，因此我與其他助理，一起將台灣跟其他國家的寬頻上網速度和價格，做了一份比較報告。

與此同時，阿扁總統政府正好要舉辦紅樓青年會議，而我還是國發所學生，因此羅文嘉便將這個會議交給我來主辦。

我廣邀各大專院校的學生與社運團體來參與會議，請他們暢所欲言，盡情向阿扁總統提問。會議中，學生們也討論到寬頻網路速度的問題，阿扁總統找了當時的中華電信董事長賀陳旦列席，承諾會降低台灣的寬頻上網費率，並且提升速度。

儘管會議由我主辦，論壇的氣氛並沒有一面倒偏向民進黨，或是對阿扁總統阿諛奉承，還記得，當時各校學生代表在會議結束後，給阿扁總統打了個「不及格」的評語。

此外，當時台大校方規定學生在畢業時都要考全民英檢，許多學生對於報名費太貴頗有微詞。財團法人語言訓練測驗中心（ＬＴＴＣ）是由台大主導的單位，規定台大畢業生必須要考全民英檢，校長兼撞鐘，是否有圖利之嫌？

因此我與其他助理備妥資料後交給羅文嘉委員，請他在國會中質詢台大校長陳維昭。

「台大自己開財團法人語言訓練測驗中心，本身是大學機構又身兼補習班，還強迫所有學生參加報名費高昂的全民英檢，這樣合理嗎?!是否該降價？」

在我們的奔走努力下，最後ＬＴＴＣ的確降低報名費了——降低五十元……雖然不盡如人意，但也算不無小補吧。

另一個印象深刻的法案是ＡＴＭ手續費的問題。

當時財金公司的運作出了包，我們去了解後發現財金公司是銀行與民眾之間的仲介機構，而這公司是政府出資成立的。民眾在ＡＴＭ做的每一筆交易，財金公司都要抽取手續費。

那時候在ＡＴＭ跨行轉帳與提領現金，手續費分別是十八元與八元，財金公司會從中抽取每筆大約三元的手續費。

我們發現財金公司並不是以營利為目的，根本不需要收取這麼高的手續費！請會計師來協助了解財金公司的財務報表之後，確知手續費的確有降價的空間。

整理出專業的報告提供給羅文嘉作為立院質詢依據，讓民眾注意到ＡＴＭ手續費的不合理，後來，我們成功地爭取到降低ＡＴＭ手續費。

浮上水面的手續費議題，直到今日仍不斷被討論，並持續有下修空間。

從國會助理到行政院客委會

羅文嘉當立委沒多久後，阿扁總統希望他接任行政院客委會主委的工作。由於我在國會助理工作表現亮眼，也跟隨著他到客委會，擔任主委秘書。

秘書工作主要是了解各單位的業務，並且為主委安排行程。沒多久後，羅文嘉主委認為我應該去媒體公關相關單位歷練，這能夠提升我的行政能力，我當然十分樂意。

客委會的媒體公關單位主要掌管客家電視台，以及處理新聞媒體等事務。在我就任期間有兩件事值得著墨，一是羅文嘉首創的《好客日誌》行事曆。出版《好客日誌》是前所未有的創舉，單位中沒有人有經驗，我自己擔任編輯，邀請知名設計師楊啟巽繪製客家民俗相關的插畫以及操刀裝幀，並且在有限的時間內招標印製單位。儘管後來經歷政黨輪替，《好客日誌》仍成為客委會每年固定出版的刊物。

二是邀請搖滾天團五月天為客委會的活動代言。五月天與羅文嘉是舊識，雙方關係一直維繫良好，因此想邀請五月天為「客家桐花祭」拍攝活動宣傳短片。

我是活動的主要聯絡窗口，與五月天聯繫的重責大任當然非我莫屬囉！

還記得當時我與五月天的阿信直接用MSN討論拍攝的細節，全辦公室的人都圍過來看著我與阿信在MSN你一言我一句，全都露出羨慕又興奮的眼光！

到了活動當天，五月天的開場演唱把活動氣氛炒到最熱，活動從頭到尾絕無冷場，活動相當成功，更是一次愉快的工作經驗。

除了作為與媒體聯絡的窗口以及籌辦活動，在客委會工作期間，還走訪了不少客家莊，體驗道地的客家文化。一邊工作、一邊學習，如此愉快的工作，只維持了不到一年時間，又有新任務出現——羅文嘉要出馬競選台北縣長，而我，則是他競選團隊文宣組的主力成員。

加入台北縣長競選團隊，打一場漂亮的仗

二〇〇五年，阿扁總統授意羅文嘉與林佳龍等學運中生代的優秀同志挑戰百里侯，由羅文嘉出馬選台北縣長（台北縣目前改制為新北市），林佳龍選台中市長（目前的台中市由台中縣與林佳龍當時競選的台中市合併改制而成）。當時這兩個地方都是艱困選區，羅文嘉與林佳龍接受到相當嚴峻的考驗。

原本民進黨的台北縣長參選人是李應元，他在當地已蹲點了一段時間，但羅文嘉從宣布參選到十二月投票日，只有不到九個月時間，地方上也質疑聲浪不斷。

有人說，羅文嘉是空降部隊，根本不懂台北縣；還有許多地方人士認為當時還不到四十歲的羅文嘉太過年輕，是否真能擔此大任？

正因為年輕，才能打破窠臼，創造出前所未見的選戰打法。

當時我們找了音樂創作人廖士賢為羅文嘉寫競選歌曲，並錄製國台客語

三聲帶版本。國語版歌詞由羅文嘉親自操刀，並由知名歌手蕭煌奇演唱；客語歌詞則請客家歌曲創作人謝宇威跨刀及演唱，台語歌詞則是由譜曲的廖士賢填寫與演唱。

競選歌曲名稱定調為〈彩色世界〉，並且壓製成專輯CD。

拍攝競選歌曲MV時由我負責行政工作，當時我邀請主唱蕭煌奇，以及各行各業的民眾來拍攝。我們還成立MV宣傳機車隊，在機車後座裝上液晶顯示器，沿著大街小巷播放MV。

取代傳統的大聲公喇叭，用歡樂的音樂而不是吵雜的宣傳口號傳遍台北縣大街小巷。

除了競選歌曲，羅文嘉還出了兩本書籍作為文宣，分別是《前進！羅文嘉》與《我在左岸，眺望》，都是由皇冠文化出版。一本寫著他從小到大的歷程，另一本則是他對台北縣的願景。

不管是製作競選專輯與出版書籍，都比任何候選人創新。

參加羅文嘉新書發表會。

為了全力投入這次選戰，我搬離基隆老家，在板橋租房子。

還記得那房子是位於板橋偏遠地區的頂樓加蓋分租套房。空間不大，但房東隔成許多間小套房出租，一條長廊到底，兩側是一個個房門緊挨著，台北的青年大多數蝸居在這樣的租屋中。

以我當時的收入來說，跟其他青年一樣，也只能屈就在一個月房租六、七千的小空間了。

但胸臆間的熱情，卻是無限大。

台北縣幅員廣大，要跑遍每一個角落，握住每一位住民的雙手，就算蹲點了數年也相當不容易，更何況是投入選舉才短短數個月的我們。

眾所皆知的地方樁腳文化，更難以一一突破。

當時除了競選總部的活動、媒體新聞聯繫工作，我還跟著羅文嘉的妻子劉昭儀跑了一個又一個行程，在有限時間內，能多跑一個地方是一個，能多拉一票是一票。

最後，羅文嘉以得票數798,233票，只以十九萬票之差敗給周錫瑋，算是一場打得漂亮的敗選。

而我，在競選團隊解散之後，則必須思考下一步該怎麼走了。

第四章

在「雷雨奇兵」中「被消失」的立委候選人

中華民國史上最年輕的國民大會代表

為了複決二〇〇四年八月由立法院提出的修憲案，隔年二〇〇五年將舉辦任務型國代選舉。當時黨內想推出七年級世代的候選人，便舉辦「尋找上青e世代」的徵選活動。

我那時仍在客委會任職，對於徵選躍躍欲試，而且想靠著自己的力量、而不是靠著某人的辦公室幕僚這種關係徵選上，因此瞞著羅文嘉偷偷報名了這項活動。

活動有年齡限制，一九八〇年至一九八二年出生的黨員才有資格，我剛好符合。

在選拔階段，黨部特別邀請媒體人于美人與鍾年晃來擔任面試官，經由面試後，他們先從報名者中選出男女各五位候選人，再經由網路投票與候選人互評等階段，最後總結成績，由我與另一位就讀台大法研所的男同學出線。

與羅文嘉參選台北縣長的競選活動同時，二〇〇五年五月十四日的任務型國民大會代表選舉，我順利當選。

當時我年僅二十四歲，成為中華民國史上最年輕的國民大會代表。

這次修憲案由民進黨與國民黨聯手支持，儘管親民黨、台聯等其他小黨反對，最終仍通過了修憲案。

這也是最後一屆的國民大會代表選舉，當為期一週的修憲任務完成後，隨即解散，國民大會正式走入歷史。

任務型國代選舉的插曲

選上國代之後，由於以中華民國有史以來最年輕之姿選上，是政壇的新鮮人，我接受了不少媒體的專訪，還有媒體給了我一個封號：中山樓之花。

24歲成為史上最年輕的國大代表，帶領宣誓。
照片授權：聯合知識庫

我沒想到的是，在一個有關政治的台派論壇上，出現了誹謗我的言論：

高嘉瑜是無嘴Kitty貓！

高嘉瑜根本是藍營派去綠營臥底的！

……

在論壇上留言的都來自同一個帳號。

我感到納悶：這個人為何一直針對我？

而這個人在論壇中發表的內容，讓我懷疑這個發言者應該是相當熟悉我的人。

為了想把這個人揪出來，我去按鈴提告他誹謗罪。被我提告，那個人必須要出庭，我就能一解心中疑惑。

出庭當天，那個人一現身，我簡直不敢置信……居然是我所熟識的法律系同學。

更可笑的是，出庭前我在法庭樓下碰到他，我還熱切地問他：「欸，你今天怎麼會來這裡？」

他只冷冷地回我，語帶諷笑說了一句：「等一下妳就知道了。」

當時我以為他是來出庭的律師，沒想到在庭上，他就是在網路上誹謗我的人……

我當場的反應是：「居然是你！」

而他則一副被我抓到也無所謂的樣子。

與他無怨無仇，我不解他為何要在暗處放箭，這樣傷害同黨同志，何況我們還是大學同學？而且平常見面他還都會跟我有說有笑，親切地問候打招呼。

從這次事件中我體會到政治圈的黑暗面，同黨同志甚至同學都能因為競爭而操戈相向，又何況是其他立場不同的人呢？

這是我步入政壇面對到的第一個無情打擊。

血淋淋的事實擺在眼前，我提醒自己收起天真的想法，別輕易相信任何人，最該相信的，是自己。

吃過這種苦頭，我提醒自己未來絕對不要成為那個想踩著別人往上爬、主動攻擊別人的人，更重要的是把自己做好，學會把謠言與誹謗看得更雲淡風輕。

忘了繳黨費，市議員競選被停權

卸下國大代表的身分，加上二〇〇五年底的縣長選舉失利，羅文嘉詢問競選團隊成員之一的我，下一步想做什麼？

我對他說：「我想從政，從參選市議員開始。」

隔年二〇〇六年剛好是台北市議員選舉。那時內湖南港區有參選機會，羅文嘉支持我參選，他幫我開記者會，並且以「台大學生會會長力挺台大學生會會長」，為我掛保證。

成為羅文嘉立委助理後，我正式成為民進黨員。至於入黨後需交的黨費，當時都由辦公室統一處理，我從未掛心這件事。

沒想到，黨費成了我的絆腳石。

上了新聞媒體，在港湖地區四處拜會，有羅文嘉掛保證，加上經歷過國大代表與台北縣長競選，對於選舉我並不陌生，雖是議員選舉初生之犢，我相信自己是有勝算的。

誰料，由於縣長敗選，辦公室在競選團隊解散後，忘了交黨費，我自己沒特別注意到這件事，也沒人提醒我補交黨費。

依照黨規，黨費若逾期未繳需要停權三個月，在我停權三個月期間剛好要登記報名，而當時台北市黨部的執行長也要選內湖南港區議員，沒繳黨費的我等於是自動喪失資格……無話可說，我只好放棄參選，由執行長代表黨出馬競選。

這是我步入政壇面對到的第二個無情打擊。

並且更加明白所謂政治就是：劣幣逐良幣。

不想讓哪個人出頭，打壓就會無所不在。

儘管失望，但並未失志。我還是想靠自己的力量，繼續在政界努力。決定回台大國發所把論文寫完，先把學位拿到後再從長計議吧。

在「雷雨奇兵」遭遇第三個無情打擊

一邊寫論文，民間一邊發起倒扁活動，二〇〇六年「紅衫軍」走上街頭在凱達格蘭大道與台北車站廣場等地靜坐抗議。

此時正是民進黨最艱難的時期。

當時民進黨由游錫堃擔任黨主席。由於民間的倒扁聲浪，游錫堃深知二〇〇八年的總統大選與立委選舉將十分艱困，他想出立委選舉可以用「奇兵」出招，因此在二〇〇七年發起「雷雨奇兵」計畫，在台北市第六選區、第八選區，台北縣第九選區、第十一選區，以及台中縣第四選區、金門縣等全台共十個艱困選區，徵召四十歲以下的年輕黨員參選。

游錫堃主席並且舉辦記者會，以「雷雨奇兵‧尚青就是你」為號召，呼籲黨內認同台灣、年輕專業、清廉有為的年輕同志，能夠接下挑戰艱困選區的任務。

當時我覺得這是個很好的機會，也將會是很好的歷練，便主動報名。我想挑戰的是台北市第六選區大安區的立委席次。

順利地，我從選拔中脫穎而出，獲得黨提名參選大安區立委。

但接下來的過程並不順利。

由游錫堃主導的「雷雨奇兵」計畫，有提拔年輕有為同志，為黨換新血、一新眾人耳目的想法。

雷雨奇兵提名記者會。

但當阿扁總統於二〇〇七年十月回任黨主席之後，「雷雨奇兵」這計畫變了調。

當他上任後，徵召了羅文嘉回鍋參選台北市第六選區，而我完全沒被黨告知，是接到各大媒體打給我的詢問電話之後，才得知這個消息。

我與羅文嘉之間是師生般的情誼。

前一年想挑戰台北市議員，他還主動為我開記者會，為我背書，但如今，他卻要取代我參選大安區，這情何以堪。

還記得在參加「雷雨奇兵」徵選之前，我曾打了通電話給羅文嘉，想與他說明我的參選決定並希望得到支持，但羅文嘉不置可否，並未給予支持。

我懇切地說明心中想法，並決意走上徵選這條路。

未料回鍋黨主席的阿扁總統，認為「雷雨奇兵」是不成熟的計畫。以新秀取代有經驗的老將，未必能贏得選戰，才想以曾任立委的子弟兵羅文嘉，回鍋這台北市艱難選區。

當時羅文嘉已是民進黨不分區的安全名單，但阿扁總統仍屬意他上戰場，主將有令，子弟兵哪有不從的道理，羅文嘉只好披掛上陣，他在參選記者會中說：

「我願意放棄下屆不分區立委提名資格！」

媒體報導所說的師徒相爭，從此真實上演。

我在記者會上哭成淚人兒，把砲口對向阿扁總統：

「我是透過黨的合法程序被徵召，現在如果沒有透過合法程序就被撤換，是對所有年輕參選人的重大打擊！

「因為阿扁總統的授意，羅文嘉才迫於無奈出來參選。但我覺得在這種情況下，會演變成像台北縣長的選舉一樣。

「過去年輕人願意支持民進黨，是因為民進黨願意給年輕人機會，這是國民黨做不到的。羅文嘉更是一路提拔我的政治前輩，為了民進黨好，為了羅文嘉好，我絕不會退選，會參選到底！」

阿扁總統、羅文嘉、我，被媒體稱為三代嫡系相傳，卻因為選舉的現實，不得不與他們分道揚鑣。

民進黨這茶壺內的風暴，最後由民進黨中常會決議通過徵召羅文嘉參選台北市第六選區。而我最後則為了顧全大局，與其他雷雨奇兵的年輕參選者，如陳玉珍與楊子萱，一同宣布退選。

至此，民進黨先前召募的「雷雨奇兵」全部退選，改由老將上陣。「雷雨奇兵」計畫算是徹底失敗。

到了二〇〇八年總統大選時，民進黨在總統與立委選舉遭受到前所未有的重挫，所幸，在小英總統帶領下經過八年的勵精圖治，曾經跌到谷底的我們，又站了起來。

其實當年我能理解羅文嘉的參選是想為十一寇平反，心中對他沒有埋怨。經過許多年後當我們在公開場合相遇，也都能互相打招呼，並不是冷眼相對。

如今他回到黨內擔任秘書長一職，我們又繼續肩併肩一起作戰。

此時我的出發點，不只是當年所說的為了黨與羅文嘉好，而是由衷為了現在的民進黨，為了民眾，為了國家，希望我們能一同更好！

第五章

走破一雙鞋的二十二天「逆風行腳」

在二〇〇五年台北縣長選舉失利之後，有段時間我在台灣智庫工作。

台灣智庫是二〇〇一年由當時的證交所董事長林鐘雄、台灣高鐵董事長殷琪、奇美董事長許文龍、台灣工業銀行總經理駱錦明、義美食品副董事長高志尚等人捐助成立，定位為第三部門公共政策平台，是為政府政務官提出建言的民間智庫角色。

智庫分成了幾個組別，我在法政組，負責的是法務研究員工作。當時包含徐永明、黃國昌、羅致政等人，都是智庫法政組的研究學者，那時他們雖然尚未從政，卻能看出已有滿腔抱負。

跟隨鄭麗君「逆風行腳」

現任文化部長鄭麗君，她曾經是台灣智庫的執行長，我在智庫任職時與她曾有短暫交集。

鄭麗君是學運世代出身，曾去巴黎攻讀哲學博士的她，在我眼中，她是個對於社會改革有著高度理想性的人，是個熱愛台灣這片土地的知識分子，也是個不敷衍了事、認真做事的人，不管做任何事，她都是全力以赴。

此外，鄭麗君並不熱中於參與選舉事務，而是用身體力行來為台灣發聲。

在游錫堃擔任行政院院長任內，鄭麗君被延攬入閣，擔任青年輔導委員會主任委員，當時三十五歲的鄭麗君是政府最年輕的閣員，而後也成為文化部有史以來最年輕的部長。

二〇〇八年二月，她有感於當時民進黨的執政讓年輕人失望，想用踏過台灣土地的方式，喚回人民的熱情，於是辭去青輔會主委職務，與當時的屏東縣副縣長鍾佳濱發起「逆風行腳，最愛台灣」活動，預計由南向北逆風行走五百多公里。而十分認同此次活動理念的我，也參與了這項活動。

二〇〇八年二月七日，大年初一，由鄭麗君帶隊的「逆風行腳」從屏東鵝鑾鼻燈塔出發，這一天走上這趟長征的人，除了鄭麗君與我，總共不過才

再累也要撐下去，磨破鞋子的逆風行腳。

二十多位。

我們沿著台灣西部的台一線往北走，計畫於二月二十八日那天抵達台北，二十二天，我們要走完五百多公里路，我心裡打定主意，無論如何都要撐到最後！

「逆風行腳」是真真確確的苦行，每天一大早出發，入晚後留宿於宮廟的香客大樓，至於一日三餐，則由地方黨部或熱情的鄉親贊助。

還記得走了幾天後我的雙腳起了水泡，大拇趾瘀青，腳上踩著的Nike運動鞋後跟愈來愈薄。前方的路看著還很遙遠，陸續有夥伴因為體力不支而放棄，有時候我不禁懷疑自己真的能走完嗎？

此行不是只有走路，我們還特地繞道去拜訪崑濱伯與詩人吳晟等人。記得當我們到台南後壁拜訪崑濱伯時，跟隨來採訪的媒體記者問崑濱伯：「崑濱伯仔，請問你是什麼顏色的？」

崑濱伯酷酷地回答：「我是土色的。」

他的回答讓我十分動容。不分藍綠，崑濱伯發自內心愛著的是台灣這片土地。

「逆風行腳」愈走人愈多。

由於我們的毅力而感動，沿途有民眾陸續加入，快到台北時，已有上千民眾跟著我們行腳。沿途更有數不清的民眾來為我們加油打氣，甚至有新住民媽媽送給我們玫瑰花，並且大聲說：「我也是台灣人，我們都愛台灣！」

二月二十八日那天，我們如期走到台北的終點「中山足球場」。回頭看從第一天開始一起走到今天的夥伴，加上我與領隊鄭麗君，只剩十一個人而已。

而我的Nike球鞋鞋跟早已磨破，到了這一天，它的任務圓滿完成了，相信它亦了無遺憾。

能夠由南到北踏過台灣的土地，這難得的經驗讓我一路上了解了台灣的城鄉差距，真切感受到台灣鄉親對於年輕人的熱情，也讓我看到台灣人的善良與勤奮。

這次經驗，更讓我確信選擇從政是一條對的路。

儘管過去遭受挫折，但此刻的我已充飽電力，準備好重新出發。下一步計畫，在我腦中漸漸成形，並且對於未來的挑戰，充滿信心。

沒有五百萬，也沒有五百張黨員票

二〇〇六年爭取市議員提名因未繳黨費而被停權喪失參選資格，二〇〇九年我決定捲土重來，向黨內初選叩關。

當時我想再給自己一次機會，選上是對自己的一種肯定，如果沒選上也沒關係，我要去參加律師考試，走回律師的本業。

如同先前被停權的市議員選舉一樣，我選擇的是內湖南港區。

而這一次選舉與前次比起來，對我來說可能更有優勢，由於港湖區人口的增加，市議員席次從七席提高到九席，其中有一席是婦女保障名額。因此黨部也評估，這次選舉要從提名三席增為四席？考量到港湖區的人口結構較年輕，新人應該有機會，最後決定提名四席，其中一席是保障女性候選人，這對我而言是個絕佳機會。

參加黨內初選前我先去請教黨內前輩：想選台北市內湖南港區議員，需要準備什麼？做哪些努力呢？

前輩問我：「妳有沒有五百萬？」

我說：「沒有。」

再問：「妳有五百張黨員票嗎？」

我說：「也沒有。」

前輩直截了當說：「如果這些妳都沒有，妳憑什麼參選呢？」

這麼聽來，想選市議員對我而言，似乎是個天真的想法。

但我想證明一件事：**像我這種什麼都沒有的年輕人，家境小康，也不是誰的女兒、誰培植的接班人，能不能在沒有政治背景、沒有派系與財團的支持下，也能通過黨內初選，甚至能拿下市議員席位？**

那時港湖區有六、七名同志爭取黨內提名，其中一位跟我一同爭取黨內初選的女性同志也是新人，她在黨內的人緣與人脈很好，不管是哪一項資源都比我豐富得多。

而我就算曾當選任務性國代，也入選雷雨奇兵，但在市黨部裡沒有資源，被認為出來參加初選，我到底憑什麼？

兩相比較，我落居下風，但我認為**自己各方面條件都不輸其他政治人物，那麼為什麼不放手一搏？**

我想到可以比照台大學生會會長的競選方式，決定拿著黨員名冊，挨家挨戶去拜訪。還記得我和弟弟兩人，逐戶拜訪，尋求黨員們在電話民調及黨員投票中支持我。

而我的競爭對手，則是鋪天蓋地的公車廣告與看板，甚至有現任議員跟她一起站在街頭，為她拉黨員票，把自己的資源分給她的意圖非常清楚。

這個時候，我台大法律系的學長、也是民視的董事長蔡同榮，他看我一個人跑得辛苦，給了我一次宣傳自己的機會——客串八點檔連續劇《娘家》。

我一方面心想這的確可以打開知名度，二方面也想體驗看看演戲，藉此了解戲劇圈的環境，便答應了蔡同榮的邀請。

記得我總共在《娘家》客串三集，角色是一位在廟裡的義工，戲裡的名字就是高嘉瑜。雖然才拍了幾天戲，但已充分體認到演員的辛苦，在一旁準備許久，只是為了拍幾分鐘的畫面，而且往往從深夜拍到天亮才能收工回家。

沒想到，當有我的戲分播出後，當時一位國民黨的女立委大肆抨擊——「候選人去演戲，這是置入性行銷！」

還因此吵上了新聞，引起話題，雖然當時連黨內初選登記都還沒開始，我更不是正式的候選人，但這個新聞卻意外讓大家認識我，知道我客串演出

《娘家》。

也由於這位女立委，我提前離開《娘家》劇組，如果沒有她，或許我還能多演個好多集呢，演出心得後就轉型當個演員也說不定（笑）。

雖然才短短演了三集，但《娘家》的確讓不少港湖區的婆婆媽媽認得我，後來我到公園與市場等地拜票時，她們會說：「我認識妳，妳就是那個演《娘家》的高嘉瑜齁！」

除了在民視有短暫的露面機會，我不插旗、也沒有廣告看板，而是與弟弟兩人孤單地在港湖地區四處奔走。此時唯一的優勢，也許是比其他候選人提早半年開始拉票吧。

我跟弟弟兩人每天早上七、八點先去公園跟老人家們抬槓，接著去市場跟婆婆媽媽搏感情，到了下午則按照黨員名冊挨家挨戶拜訪，晚上則跟在垃圾車的後面走。沿著垃圾車的路線，我們發面紙與文宣給所有出來倒垃圾的民眾，並且跟他們話家常。

勤跑基層拉票到了中途，初選有了變化，規則從黨員投票改為「全民調」。

這是由於法務部認為黨員投票也有賄選的可能，也許有的民眾入黨是有樁腳代繳黨費，入黨只是為了黨員投票，就算是初選階段，這也視同賄選，因此不管是民進黨或國民黨，都取消了黨員投票的初選機制。

中途換了遊戲規則，我更加勤奮跑遍港湖區大街小巷，一大早六、七點，上班上學的尖峰時間，我就站在重要的路口，由弟弟舉著宣傳看板，我則跟所有來往的人們與機車、汽車駕駛拜票，再到市場跟婆婆媽媽拉票，下午到公園跟散步運動的民眾拜票，更首創在議員選舉開始晚上跟著垃圾車拜票。全民調比的是知名度，沒有太多經費買廣告的我，只能憑著兩條腿讓民眾認識我，記住我的名字。

最後，我在黨內初選的民調贏過了那位女性同志，也贏過了另一位跟我

缺少資源的候選人，只能勤跑基層，加倍努力。

一樣首次參加黨內初選的新人，只輸給了當時在任的兩位議員。

從黨內初選出線的主要原因，不是我有資源，而是我比其他人提前起跑，不管是在市場或在路邊，不管是晴天還是雨天，港湖區的民眾不管到哪裡都能看到我的身影，我到公園、市場、跟垃圾車、挨家挨戶拜票，握住每一位民眾的手，熱忱被民眾看見了，因此他們願意支持我這個「新人」。

還記得，當年我站在路口拜票時，有熱心民眾送我熱咖啡，還有人跑過來送我喉糖，這些溫暖的心意，讓那時孤單地站在路口的我落下眼淚。

直到今日我都這麼認為：**不是要選哪一邊站，站在民意這裡才是最正確的。**

第六章

在港湖開各種選舉之先

在第一次選市議員黨內初選期間，有一位我特別要感謝的黨內同志——賴清德。

由於賴清德是萬里人，我是基隆人，我們都是在北海岸長大的在地囝仔，看到我的資源有限，他主動來幫助我。

黨內初選時我喊出的競選口號是「逆風少女」，並且用這個口號自己做了競選文宣——「逆風少女，再拚一席」。

當時賴清德則是代表黨出馬參選大台南市長，樂於提攜同鄉後進的他，叫我把競選文宣的檔案給他，說願意幫我印五萬份文宣，印好後直接幫我送到指定地點。賴清德助我一臂之力，並且對我說：

「如果市議員黨內初選沒過，就回故鄉基隆蹲點吧，他日能有機會為基隆鄉親服務。」

五萬份文宣的恩情與提攜，我一直銘記在心，加上認識賴清德這麼多年，對於他的正派我了然於心，這也是為什麼當他在二〇一九年發表參加民進黨總統黨內初選時，我毫不猶豫就站出來表態支持。

僅管在我表態挺賴清德之後，有人留了酸溜溜的話給我，比方說「尚書大人真機靈」、「妳支持賴清德，我要討厭妳」、「我要退妳讚」……等等，但當賴清德在尋求總統初選黨內民調支持的最後關頭，以苦行僧方式從屏東開始進行車隊掃街，一路站到台北，最後一站在台北市掃街拜票時，雖然幾乎沒有黨公職敢公開力挺賴清德，但我基於人情義理，不顧那天的傾盆大雨、全身被雨淋得濕透，也要站上宣傳車，站在賴清德身旁為他拉票，陪他一起走到台北賓館，完成壯大台灣車隊遊行的最後一哩路。

當年賴清德對我雪中送炭，我理應對他雪中送暖。

十年前的恩情，此時不還，何時才要還？

我認為，一時的批評與風波都不需要放在心上，只要我未來繼續努力，還是能有機會再得到批評者的認同。

永遠不會忘記，在最艱困時願意拉自己一把的人。

我的人生不是為批評我的人而活。
做自己覺得該做的事，我問心無愧。

正式加入市議員選戰

二〇一〇年的直轄市與縣市長選舉，對民進黨而言是艱難的一戰。當時民進黨剛剛跌落谷底，黨主席是蔡英文，由她出馬參選新北市長，對手是朱立倫。台北市更是艱難選區，由衝衝衝蘇貞昌代表黨出馬參選，對手則是郝龍斌。

而我參選的港湖區議員，民進黨連同我一共提名了四席。港湖區向來是藍大於綠的選區，過去議員七席最多選上兩席，這一年雖然由七席增為九席，但我絕對不能掉以輕心。

民進黨在港湖區所提名的四位候選人中，屬性各不相同，彼此票源較不重疊，候選人各自努力。而我是其中最年輕的候選人，也是沒有派系支持的候選人。

還記得我第一次的造勢台上，黨內只有蘇貞昌來幫我站台，因為他是黨提名的台北市長候選人，一定要來，而台下只坐著一百人不到，其中二分之一的人還是從基隆遠道而來，為我撐場面的鄉親朋友。

雖然通過初選，但由此可知我在地方上的實力還是不足，得更加把勁才行。

那時我才募到一百多萬的競選經費，這經費當然只是其他候選人的九牛一毛而已，十分拮据，沒有經費請太多人手，爸爸放下基隆的百貨行生意來幫我開吉普車，弟弟繼續陪著我四處拜票，表弟也加入了我的競選團隊。

競選服務處則成立在內湖的七二七海鮮餐廳隔壁，雖然小，但是卻是內湖的中心點，我以一個月大約七萬元租金，租了三個月，對於競選經費捉襟見肘的我來說，負擔不小，但有個處理大小事務的總部還是必要的。

經費少有經費少的選戰打法。

（上）競選總部成立大會。
（下）與蘇貞昌院長合影。

我不像其他候選人四處插旗。我不插旗，不綁布條，也沒有宣傳車隊，跟初選階段一樣，僅靠文宣與勤走基層來打這場選戰。

支持我的民眾不免擔心地說：「都沒有看到妳的宣傳車，也沒看到半根旗子，競選服務處裡面也沒什麼人，妳到底有沒有在選？這樣能選得上嗎？」

另外有些支持者建議我把陣仗做得大一些，至少要做出些氣勢，競選服務處人潮要絡繹不絕，掃街隊伍要從巷口一直拉到巷尾看不見，讓其他人看了覺得：高嘉瑜當選妥當啦！

不少民眾自告奮勇要來幫我掃街，做我的競選志工，但我生性不愛麻煩別人，都這麼跟支持者說：「除非有需要，我盡量不麻煩大家，感謝你們！」

高嘉瑜競選團隊，除了我，就只有爸爸、弟弟和表弟而已。

對我來說，真正支持我、會投我一票的人，也許並不是坐在競選服務處裡喝茶聊天的那群人。

傳統的選戰不是我的風格，而是察覺到：**政治正在改變**。

我要打的是一場與眾不同的選戰，一場只有高嘉瑜才做得到的選戰。

儘管地面戰人員單薄、規模冷清，讓民眾看了覺得：高嘉瑜這樣真的選得上嗎？

其實那時我一手打地面戰、另一手則打著空中選戰，算是社群選舉的先行者。

開社群選舉之先的候選人

這次參選，我另一個想法是為年輕人開出一條路，讓他們看到像我這樣沒背景、沒資源、沒插旗這種「三無」條件的候選人，只要有理念、有熱情，也能夠投入政治，也能夠說服人民給自己機會，進入議會殿堂。

這種非典型的競選方式，的確讓許多年輕人看見了，在我二〇一〇年參選之後，陸陸續續能看到許多年輕人投入政治，例如曾擔任台大學生會會長的學弟王威中與學妹高閔琳，他們在二〇一四年，分別代表民進黨投入北高兩地的議員選舉，初試啼聲的兩人都參選成功。

除了他們兩人之外，二〇一四年還有更多年輕人投入議員選舉，到了二〇一八年，時代力量、社民黨的新人，連youtuber網紅呱吉也紛紛投入選舉。愈是百花齊放、愈能為政治注入活水。這也才是現今民眾所期待的政治生態。

二〇一〇年彷彿是新舊政治之間的分水嶺。我站在分水嶺上，看著正在變化的政治，並且承先啟後，為政治樹立新風格。

二〇一〇年也是社群開始發揮影響力的關鍵時刻。在台灣，噗浪（Plurk）與臉書等社群開始被年輕人廣泛使用，而那時許多傳統政治人物沒有使用網路，也不認為社群的風向足以撼動選舉。

而我曾經擔任過批踢踢（ＰＴＴ）站長以及批踢踢新聞站長多年，熟悉網路社群的我，跟傳統政治人物相比，在社群這個領域佔有優勢，更容易被年輕選民認同。

在二〇一〇年選舉中，我以噗浪為主力，在選舉過程密集發布貼文，例如：

靠自己不是靠背景。

港湖高嘉瑜，乎你揪尬意。

這種與年輕選民互動，跳脫傳統只打地面戰，插旗綁樁動員的選舉模式。雖然不一定奏效，但我願意率先嘗試，放手一搏。

用李小龍和女僕的造型，製作有趣又吸睛的創意文宣。

當時沒料到的是，如今這種社群網路選舉方式，成為主流工具。政治人物將自己網紅化，或是與網紅一起直播，以求爭取年輕人的支持。

不敢說自己是先驅，但先行者這頭銜我可是當仁不讓！

內湖南港區裡有內湖科學園區、南港軟體園區等，許多年輕人在此就職、定居，他們需要的是有著新思維、能與科技與潮流接軌的新一代政治人物。

而我的特質，相當符合他們的期待，與其他候選人相較之下容易脫穎而出，加上我的學經歷也能被他們認可，因此在港湖區我雖然是新人，但出線機率並不低，甚至被其他深諳選舉的候選人認為，我很有可能是個超級吸票機，會威脅到他們的當選機率。

此外，傳統民進黨支持者比較願意給新人機會，他們會覺得願意打拚的年輕人值得肯定、願意為這樣的年輕人加油打氣。

這也是我看似沒在動員、使得支持者擔心我的選情，還是能氣定神閒的主因。

到了投票日當天，在港湖區的民進黨所有議員中，我不負眾望，發揮超級吸票機的功力，拿到了第一高票！在全台北市議員中，我和最高票的議員相比，亦相差不遠。首次出馬，讓所有人眼睛一亮！

辭去批踢踢無給職新聞站長

大學時我認識批踢踢的創辦人杜奕瑾，當時他在美國微軟工作，繁忙的工作令他無暇顧及批踢踢，因此由批踢踢內部自發性遴選管理幹部。

由於批踢踢向來堅持不置入廣告，絕不商業化，所有幹部都是無給職、義務為批踢踢服務。

當時社會上發生重大事件時，媒體往往會來徵詢批踢踢站方的看法，有時候則是批踢踢這方需要出面澄清民眾對於批踢踢的誤解。因此除了內部管理人員，批踢踢急需公關這個角色。

批踢踢的管理人員大部分是台大資工系的同學，他們較不擅長對應媒體，也不想曝光（這才是最主要理由）。當時他們找上仍在台大國發所就讀的我。

當時我是批踢踢的站長之一，也曾擔任過客委會的媒體公關以及任務型國代，批踢踢內部便希望我接下批踢踢新聞站長職務，擔任批踢踢的發言人。能為鄉民服務，我當然義不容辭。

二〇一〇年通過黨內初選，正式被民進黨提名為議員候選人之後，我為了不要讓社會大眾認為批踢踢與政黨掛勾，便辭去批踢踢發言人職務，全心投入選舉。

當時聯合報記者為此而訪問我，我說：

「我從高三開始接觸批踢踢，因為對於批踢踢有認同感而接任新聞站長，但對外選舉的文宣、履歷、經歷，我都未曾提過批踢踢相關經歷。在批踢踢很難以政治角度發言，否則很容易遭到網友唾棄，被踢下台。」

而經過幾年之後，批踢踢成為有心政治人物帶風向的利用工具，這令我十分痛心。

二〇一〇年告別新聞站長職務後，我正式從鄉民的高嘉瑜，走進議會，成為港湖民眾的高嘉瑜。

為民喉舌與奔走，監督市政，從來沒有一時一刻鬆懈，直到如今。

就算使用了全新的選舉模式，
一步一腳印的賣力拜票也同樣不能少。

第七章

接連揭弊的新科市議員

就任議員的開始，我每個星期都召開記者會，一方面是向市民報告我的問政進度，另一方面則是建立我的問政風格——揭弊不遺餘力，處理問題比誰都有效率。

之所以持續開記者會，是因為我認為**媒體也是幫助民意代表監督政府的一個重要力量**。以一個小小市議員的能力，也許無法撼動重大積弊，但開記者會之後，透過媒體的關心與民間討論、帶出議題之後，事情或許能有預期之外的發展。

二〇一〇年之前，大部分議員由於害怕得罪特定人士或財團，比較不會以開記者會、直接點名的方式來提出議題。

沒有包袱的我背景清白，也沒有跟誰有利益往來，更不怕得罪任何人而不敢開記者會。

身為地方上的民意代表，除了監督市政，為民眾服務也是重要工作，例如基礎建設，馬路上的紅黃線、紅綠燈，違建問題處理等等。由於民意代表是民眾與政府之間溝通的平台，居民會帶著各式各樣的問題找上議員，議員必須要代替民眾了解問題所在，並且盡力解決問題。

鋪平二十多年來無法解決的「天堂路」

就任議員的第一年，我努力揭弊，以及處理民眾的問題。其中一個受到民眾肯定的問政，是鋪平捷運港墘站旁一條二十年來都佈滿砂石的「天堂路」。

上任之後有許多民眾向我反應，港墘站旁內湖路一段六六七巷內，有一條被當地居民戲稱是海陸兩棲偵搜大隊結訓「天堂路」的砂石路，這條路長度大約二十三公尺，寬度大約八公尺，是前往捷運站的必經之道，二十多年來，對附近居民造成不便與痛苦。

這條路多年來都無法處理的原因，是由於這一條路是私有地。多年前市政府在文湖線通車前只徵收了出口前的私有地，但後巷這條路卻未徵收，地

滿布砂石的天堂路，20年來因為徵收問題造成市民不便。

主為了抗議市政府未「比照辦理」，不願意提供給政府無償使用，因此二十多年來無法銑鋪。

談到徵收土地這件事，不得不提及，在過去這是某些議員的生財之道。有的議員會把政府可能徵收的地，找人頭跟地主用便宜的價錢買下來，再要求政府來徵收這塊地，從中獲取暴利。

因此徵收土地常常成為議員之間的角力戰，甚至私下分配利益。

身為新科議員的我，並不知道這些眉角，我只想到：一條在捷運站旁邊這麼重要的道路，政府為何不去徵收？為何不站在民眾的權益這一方來處理這件事？當時的我，完全只從公眾的角度來思考問題。

向我陳情的居民中，有位爸爸的兒子剛從港墘站附近的麗山國小畢業，他說他的兒子若要去捷運站，必須走過這條坑坑洞洞的路，不能理解這條路為何始終不能鋪好。晴天時這條路漫天沙塵，而一到下雨天便積滿汙水，對於行走在其上的學童來說危險重重，一個不小心就可能讓孩子們跌倒受傷。

這位爸爸與兒子的心願，是希望未來麗山國小的學弟學妹，不需要再冒著危險走上這條砂石路。

聽到這些民眾的心聲之後，我在議會向市府提案徵收港墘站旁這塊地，並且多次針對此案質詢，要求市政府盡快改善。

在推動這個案子的同時，我也才了解，原來土地徵收的背後存在著利益的角力。

在討論此案的過程中，其他議員知道我提出這個徵收案並不是為了私利，因此他們願意支持我，讓議會順利通過這個預算。

預算的審查過程往往也是角力場。當其他議員認為有別的土地更需要被徵收，這些議員便會來阻擋這筆預算，理由通常是：我們這裡比你更早提出需求、也更被市民急需，為什麼是你的案子先被處理？

幸運的是，那一年的預算審查，剛好有餘裕空間來徵收港墘站旁這塊土地。「天堂路」並不長，土地總價並不高。二〇一二年底，「天堂路」總算完成銑鋪，真正成為民眾的步行天堂。

新科議員第一年，我成功移除這條地方上數十年來的沉痾。

還記得當我跟居民們報告市府已完成相關行政作業，即將施工時，他們臉上開心的神情。雖然只是一件小小的道路銑鋪改善，卻帶給居民大大的安心與幸福感。他們過去也曾找過其他議員幫忙，但真正解決問題是在我手上，直到今天，當地民眾都還對我感謝再三。

順道一提，由於這次推案，我發現港墘站旁的天堂路只是冰山一角，全台北市當時有九百多條未開闢的巷道，市府以公共建設所需、救災所需、改善交通等七大項原則來決定徵收順序，但由於一年僅編列三億元道路徵收預算，一年只能徵收約十條道路，這九百多條道路再過一百年可能也徵收不完。

我在議會提出，全台北市由於產權問題，使得道路無法銑鋪、崎嶇不平的案例不知道還有多少？在地主和政府的角力下，被犧牲的永遠是小市民，因此我建議市府除了徵收之外，應該在租稅與其他方面給予地主優惠，增加讓地主願意將道路「出借」給公眾通行的誘因。

這些年來在議會的監督下，道路徵收的確更加快腳步。至於前面曾提到過去有議員利用政府徵收土地來謀取暴利，二〇一二年之後市政府再也不編列徵收土地的預算，而是更改相關辦法，並推動容積銀行代金制度，以遏止過去暴利炒作亂象，並於二〇一九年首次辦理以容積代金基金標購台北市私有公共設施保留地。如此一來，有心人士再也不能從中獲得土地利益，大快人心。

糾正內湖捷運聯開案

長久以來港湖地區議員不敢碰的案子，在我就任議員之後，陸續接到民眾的陳情請託，除了港墘站旁的「天堂路」，內湖捷運站聯開案，是我從第一任議員開始就緊盯不放的重大弊案。

二〇〇二年馬英九市府當時以公益目的、交通用地為名，向地主收購內湖捷運站旁的土地，預定蓋為停車場與捷運站，徵收來的土地100％成為市政府的土地。但馬市府之後卻以「聯合開發」為名，交由潤泰興建地上十五層，地下三層的商辦大樓與停車場，而且潤泰的權益分配比更高達68％！

私人用地被市府以公益與交通用地名目徵收，但卻被用來圖利財團，令這些內湖地區的地主情何以堪？地主們紛紛上門來向我陳情。

至於市府當初承諾地主的停車場與捷運站，只占了全部建案的8％，其他92％都是商辦大樓，商辦大樓的八到十五樓則是「假辦公室之名行豪宅之實」。

據估計整棟商辦大樓的商業價值超過百億，但北市府卻僅分回停車場與部分辦公室，權益分配只取回32％，這種手法根本是變相將市府財產賤賣給財團，依照內湖當時房地產市場行情，台北市政府約損失一百二十億元！

內湖捷運聯開案與顧立雄一起帶領地主抗議。

二〇一三年郝龍斌市長任內，我率先揭發內湖捷運聯開案是美河市的翻版。當時美河市剛遭監察院彈劾，監委估計北市府將損失超過百億，而相同的手法也發生在捷運內湖聯開案，權益分配也幾乎相同。

更離譜的是，相關公文與資料市府都以「商業機密」、「個人資料保護法」為由迴避議會監督，讓我質疑權益分配的過程根本是黑箱作業或是有不法的利益輸送。跟美河市一樣，我將全案告上監察院，釐清全案是否有違法或損及台北市民的權益。

二〇一三年一月，我向監察院檢舉內湖聯開案，院方輪派監察委員調查，並且在同年十一月，監察院認定北市府有多種違失，通過了糾正案：

臺北市政府辦理捷運系統木柵（內湖）延伸線內湖站用地（交十一）聯合開發案（下稱本案），強制徵收全區高達84．65％土地，實際用於捷運設施僅佔12．62％，又將徵收取得的公有土地轉為私有，辦理過程違失明顯，監察院交通及採購委員會一〇二年十一月十二日通過監察委員馬以工、李復甸、林鉅銀提案，糾正臺北市政府。

在內湖捷運聯開案遭到監察院彈劾後，我另一方面質疑，遭彈劾的美河市與內湖聯開案，都是前捷運局長常岐德與前聯開處長高嘉濃任內擬定，代表他們兩人任內的所有聯開案可能都有問題，我強烈要求北市府應該將所有聯開案資料全數解密，公開透明地讓大眾檢視，並且讓鑑價、權益分配的過程公開透明。

當時北市府政風處表示將主動了解聯開案問題，並且會配合檢調的調查。而北市府對內湖捷運聯開案進行鑑價後，二〇一四年十二月，當時的市長郝龍斌將與建商潤泰簽核權益分配時，我喊出：「等一下！」

我要求即將卸任的郝市長停止簽核，應該由新任市長柯文哲來進行裁決。柯市長在競選期間曾經說過內湖聯開案最好「砍掉重練」，我要求他上任後要兌現承諾，為市府與市民的權益把關。

柯市長上任後，我鍥而不捨地一再質詢，要求北市府應該將內湖聯開案的權益分配比由原來馬英九任內簽訂的市府三成二，提高到市府五成八，終於在柯文哲擔任第一任市長任內提高權益分配比，為市民討回了該有的權益。

但直到二〇一八年，我仍要求市政府，嚴格監督內湖聯開案的使用範圍，當初招標簽約是以商辦事務所為名，不能作為住宅銷售，但內湖站捷運大樓除了citylink商場外，卻是掛羊頭賣狗肉，表面是以辦公室名義銷售，實際卻朝豪宅規劃宣傳，市政府竟然對此睜一隻眼閉一隻眼，這不就是基隆河大彎北段商業區豪宅的翻版嗎？

Citylink的確能活絡內湖商圈，讓內湖人不需再跨區消費，也為柯市府爭取到收益，但市政府監督聯開案使用範圍的任務還未結束，只要我還是港湖區民意代表的一天，就會緊盯著不放，絕不會鬆懈。

追打工業住宅與松菸文創園區

內湖南港地區有不少工業用地，被建商以低價收購之後再蓋成一般住宅出售，例如內湖五期重劃區中就有一部分豪宅是工業宅。

剛就任議員時，工業宅問題也是我的揭弊重點之一，但也因此接到不少民眾打來的抗議電話：

「高議員，妳再這樣打下去吼，市政府會來稽查，這樣房價會下跌啦！」

我何嘗不知道繼續追打工業住宅會讓已經買房的民眾權益受損，但民眾之所以成為受害者，追根究柢是由於市府沒有先幫民眾把關，放任建商在工業用地建售一般住宅。

如果繼續讓建商知法犯法，將來會有更多民眾受害。

在我向媒體開記者會，以及在議會提出質詢後，近年來北市府開始嚴格把關，例如從土管開始，工業宅的廁所在每個樓層必須集中設置，不能夠像一般住宅設置在屋內等等。讓建商知道無法再像過去一樣一手遮天，一切得按照規矩來，不能再投機取巧。

此外，松菸文創園區也是我的質詢重點。

北市府將松菸文創園區定位為「成為台北扶植原創力的基地」，規劃「軟實力創新」、「社群網絡連結」、「品牌價值經營」、以及「人才養成」四個面向，並且推動松菸園區古蹟的修復與再利用，希望藉由文創提升台北市的城市競爭力。

二〇一三年，由建築大師伊東豊雄設計的「台北文創大樓」落成，北市府將松菸文創園區ＢＯＴ給台北文創公司，由該公司提供文創產業進駐並且提供多元平台給創作者、平台經營者以及消費者，期望能促進文創產業蓬勃發展。

但深入了解這個ＢＯＴ案之後，我們發現台北文創公司每年應該給市政府的營運權利金，居然是用轉租給其他店家的收入作為營收，而不是用實際

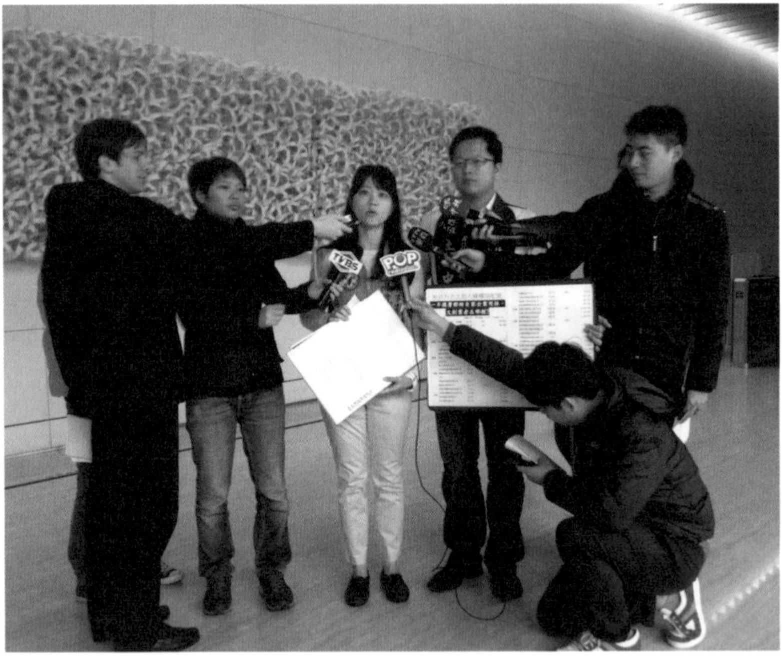

要求松菸文創園區提高權利金。

收入來計算營運權利金。

我們認為以此方式計算並不合理，北市府一年只能收到兩百多萬的權利金，在我質詢並揭露這個問題之後，北市府所能收取的營運權利金也增加了三億。

政府單位常嚷嚷財務吃緊，深入探究，如果能追查應收而未收的款項，例如內湖捷運站聯開案或是松菸文創園區BOT案，若北市府能把關更嚴格，每年便能增加數目驚人的財政收入。

而當發現北市府把關不嚴格時，身為市議員的我們就應該勇敢站出來為市民與市政府把關，義無反顧地揭露弊案。

我們這一代議員正持續平反過去民眾對於議員喬事或者圖利自己的刻板印象，年輕議員不怕得罪財團、不畏懼惡勢力。

為市民興利除弊，我們責無旁貸。

糾舉貴婦百貨停車場無照營業

另一次與財團槓上，為的是市民的公共安全。

二〇一二年，我發現位於復興南路上的微風廣場停車場，居然從二〇一〇年開始就無照營業，三年期間北市停管處只開出了一萬五千元的罰單。以當時停車費每小時八十元計算，占地一千三百四十四坪的停車場，共有一百五十一個車位，一萬五千元的罰金，業者只要營業一個小時就可以幾乎打平。而停車場無照營業，也沒有投保公共責任意外險，萬一民眾的愛車發生什麼事，只能自認倒楣、求償無門。

據我了解，微風廣場之所以三年來申請執照遲遲不過，不是真心想做停車場，其實是為了養地蓋豪宅。

停管處是這麼說的：微風曾多次申請停車執照，但因為相關文件不吻合規定，所以才一再被退件。

這種無照停車場，在台北市不知道還有多少。我在議會要求北市府相關單位，徹底清查全台北市的無照停車場，盡速在一個月內輔導業者完成立案。並且要求相關單位，通令所有停車場必須把營業核可證明貼在民眾容易看見的地方，並且加強全台北市的安全以及消防檢查，將公共安全未爆彈化為無形。

最後微風廣場發言人出面說明：針對北市府要求調整的部分，公司已經在送件，也會盡快把申請程序走完，盡快讓停車場合法化。

踢爆微風廣場停車場無照營業。

無照停車場問題被放大檢視，讓市民多了一份保障。

沒料到的是，未來我又有機會跟微風集團交手，而這次，著實讓我與另一位議員王威中心驚膽跳，甚至覺得生命受到威脅。

那是二〇一五年，我高票連任台北市議員之後所發生的事。

第八章

第二次競選議員
獲台北市第一高票

在內湖南港地區問政四年來，我的專業認真與親民，被港湖民眾高度肯定，二〇一四年出馬競選連任，我當仁不讓。

那一年選舉，我以「值得肯定 肯定值得」作為競選主軸，**在港湖區席捲了三萬四千一百一十七票，以台北市第一高票（得票率最高的15.59%）連任議員！**

能夠得到不分黨派、貨真價實的第一名，我認為自己贏得並不僥倖，而是極度努力所得來的成果。

接下來迎接我的，是更嚴苛的考驗。

棘手的內湖慈濟開發案

從第一任議員就任以來，除了持續緊盯著內湖捷運站聯開案，內湖慈濟開發案我也一直關注，並且透過一次又一次公聽會，爭取民眾的支持。終於在第二任議員任內，成功阻擋此案。

內湖慈濟開發案可追溯至一九九七年，慈濟基金會提出要在內湖保護區籌設「社會福利專區」，受到當地居民強烈反對，後來由於二〇〇一年納莉颱風重創內湖而暫停申請，直到二〇〇五年慈濟基金會再重新提出申請計畫，希望將大湖里保護區變更為「社會福利特定區」。

當時馬市府為此成立了內湖慈濟開發案專案小組，經過多次專案小組會議，延宕至郝龍斌任內。

這也是個沒有議員想碰的開發案，誰都不願意得罪慈濟，沒有人公開表態反對。

沒有建商與財團包袱的我則站在居民立場，堅持反對慈濟開發保護區，並且出席多場公聽會，表明我堅決反對的立場。

我的堅持是：若此例一開，恐怕會有更多宗教團體與建商想要比照慈濟開發案，此例決不可開！

慈濟則引用《都市計畫法》中的第二十七條第一項第三項「為適應國防或經濟發展之需要」法規，要求解編保護區。但我認為，無論是國防、經濟發展或是急迫性，都不適用這個開發案。況且解編保護區，日後可能會造成大湖里水患連連。

慈濟所規劃的防洪池，不足以容納當地三萬立方公尺的治洪量。這個地方又是溝谷地形，如果蓋了園區大樓，豪雨來襲時，水流受阻之後可能反向造成上游氾濫成災。

慈濟當時找了不少有力人士來說服我，包含一位前政府高官，他親自到我的服務處拜訪我，希望我不要介入這個開發案。

這位前高官對我說：「高議員，妳的前途光明，未來無可限量，希望妳不要繼續在這個案子上執著，而葬送了妳的大好未來。」

親自來拜訪我還不夠，離開之後還發了簡訊再次提醒我。

我相信他身上也背負壓力，才會專程來拜訪我，並且苦口婆心地對我

內湖慈濟開發案，不畏權勢，為民喉舌。

說了這番話，但我想到支持我的居民，怎麼樣也不能妥協，我在二〇一二年十二月一場公聽會上這麼說：

沒有人能夠保證，在天災、而且極端氣候的情況下，我們的環保或是我們相關的水土保持真的能夠做到盡善盡美。尤其是慈濟開發園區，大家還有這麼多餘力的情況下，我真的期待未來慈濟能夠面對它、處理它、放下它，能得到居民的贊同與共識，那我想我們一定都樂觀其成；也期待未來這樣的說明會能夠多多舉辦，讓居民能夠了解、來解決他們心中的疑惑。我想過去十四年慈濟的努力，大家都看到了，未來我們也希望慈濟能夠繼續努力。

但如果慈濟真這麼希望急於在這裡興建的話，我們唯一的要求就是，如果能夠通過環評，我想大家也都沒有任何的意見，這也是我們未來期待能夠看到的。

我的立場就是如此。

內湖慈濟開發案，歷經陳水扁、馬英九、郝龍斌等市長，十多年來爭論不斷，直到二〇一四年柯文哲市長上任。

二〇一四年十二月二十八日，柯市長以台北市人口不會再增加，不需要再跟自然爭地、開發破壞自然等理由反對此案。

到了二〇一五年二月，各界論戰升溫，慈濟於三月十六日在花蓮靜思堂開記者會，宣布撤回慈濟內湖開發案。

讓環保團體與內湖居民懸心二十年的開發案，終於劃下句點。而我四年來的奔走，能讓居民的美麗家園得到安全的保護，我也同感欣慰。這是眾力合作所結成的甜美果實。

收回西門町成都路大樓

第一任議員任內，在一次預算審查過程中，我發現一棟位於西門町的指標性建築物，原來是蓋在台北市政府的土地上。

民國五十、六十年，北市府有不少土地被占建，西門町圓環旁這棟建物是其中之一。這棟建物位置在成都路12號，是西門商圈的黃金地段。

如果是三十五歲以上的台北人，應該多數都知道這棟大樓最早是進駐淘兒音樂城（Tower Records），後來則物換星移，陸續有服飾品牌與運動品牌進駐。

建物位於人來人往的鬧區，屋主的店租收入想必可觀，而這棟建物居然是侵占北市府土地的違建，數十年來，北市府不積極回收，只跟屋主收取每月二十多萬元的占建費。

除了房租的收益，這棟建物的外牆還設置了播放廣告的大型電子螢幕，光廣告收入每月就近百萬，每年就有以千萬計算的廣告收入！我追查之後認為市府應該積極處理回收，但北市府卻因行政怠惰，長期放任不管，白白損失許多可觀的收益。

我深入追查後進一步發現，原來北市府曾在二〇〇八年要求屋主歸還土

（上）西門町成都路大樓當時外觀。
（下）踢爆西門町成都路大樓賤租。

地，屋主也在二〇一〇年說要把建物捐給北市府，但屋主卻是先設定抵押權，所以實際上北市府根本無法收回土地跟建物，就這麼一年拖過一年。

深入了解後，我在議會提出質詢要求郝市府必須透過司法程序去處理西門町大樓占建案，經過訴訟、和解等過程，到我第二任議員任內，北市府終於收回這棟建物，並且在二〇一六年重新招標，最後由運動品牌商得標，北市府每年可多三、四千萬的租金收入。

從內湖捷運站聯開案、松菸文創園區到西門町占建案等等，我以鍥而不捨的精神，持續為市民追討財產。而除了追討應收而未收的帳款，我也盡力為市民節省開支，例如在二〇一七年的台北市世界大學運動會，為市民省下蓋一座泳池的巨額經費。

再花二十億蓋一座泳池有必要嗎？

二〇一七年台北市風光舉辦世界大學運動會，這是台灣有史以來舉辦的最高層級國際賽事。

為了辦好比賽，從市府團隊到議會，全員皆戰戰兢兢，務必提升台北市與台灣的國際觀感，更要維護所有參賽者與工作人員的安全。

想要辦好一場大型國際比賽，不管是軟硬體設施都必須投注相當多經費，台北市自二〇一一年拿到主辦權之後，便開始著手賽事準備。

其中游泳與跳水項目競賽，原本想在花費十二億台幣巨資興建、於二〇一二年完工的台北市立體育學院游泳池舉辦，但完工後，卻發現蓋錯了！

由於泳池的出發台池岸僅有五公尺，不符合出發台池岸不小於十公尺的國際標準，使得這座高貴的游泳場館只能作為跳水的比賽場地。更可笑的是，當時的市府團隊還辯稱蓋錯是常有的事。

率先提出世大運應使用臨時泳池。

放眼雙北，當時找不到任何一座符合國際標準的游泳場館，而賽事逐漸逼近，二〇一二年，郝市府打算花二十億再蓋一座新泳池。

人民的血汗錢怎麼能隨意糟蹋！對此我抱持反對意見，在研究過國際各大游泳賽事資料後，我表示：

以二〇〇一年福岡世界游泳錦標賽為例，福岡世泳賽搭建了三個以強力塑膠建成的泳池與練習池，據當時負責泳池工程的山葉公司表示，臨時泳池造價只需四百萬美元左右，但如果興建三座永久泳池，成本高達一億六千萬美元，是臨時泳池的四十倍。

我並且質疑：

無論二〇〇一年在福岡，二〇〇三年在巴塞隆納，或是二〇一一年在上海舉辦的世界游泳錦標賽等世界級的游泳競賽，都已經改用臨時泳池作為正式比賽場地，如果以臨時泳池成本僅需新建場館的四十分之一來計算，二〇一七年世大運二十億興建泳池的預算，若是以臨時泳池搭建，成本僅需約五千萬，根本不需要花到二十億！如果兩者效果相同，為何要浪費公帑？

我進一步說明：

二〇一二年倫敦奧運新建的十四個場館中，有八個是臨時性場館，而在永久性建築物中，又被分為永久性設施及臨時性設施，像是主場館八萬個座位中，有五萬五千個座位將在奧運結束後拆除，由這些例子來看，國際性的賽事有節能減碳的趨向，從炫耀走向實用，從鋪張走向高效，北市府大興土木建場館的做法，明顯與國際趨勢背道而馳。

在我的強力抨擊下，北市府撤回了二十億興建泳池的提案。我並且要求北市府立刻公布世大運四百二十五億預算的細目，讓所有人檢視這其中到底還有多少非必要性的支出，還有多少浮濫編列的預算，把市民的錢，省下來做好市政建設才是。

到了二〇一七年，一座在台灣前所未有的活動式游泳池誕生了。市大運團隊在桃園國立體育大學綜合體育館的室內球場上，以一百五十片鍍鋅鋼材搭配ＰＶＣ防水布，組合成游泳與水球比賽用泳池，泳池底部由鋼索固定，在注水之後還能夠微調泳池尺寸。此外團隊並且配合場地，特別從英國進口池畔高架平台，依據場地外形與管線設施調整，每平方公尺可承載五百公斤，能夠確保所有選手與工作人員的安全。

這座組合泳池也通過了國際泳協的檢驗，確認達到國際標準而且安全無虞。

僅花了六十天時間，便組裝完成一座國際標準泳池，除了為市民省下將近二十億元的經費，而且日後重新組裝還可再使用，有什麼比這更棒的解決方案？

我們做到了，如世人所見，台北市成功地舉辦二〇一七年世大運，獲得舉世稱許。

多動腦筋、善盡責任，能比只用金錢來解決問題，做得更好、更漂亮。

黑影幢幢，為小市民保住土地

地方上凡與土地利益有關的事件，往往能見到「黑影幢幢」。擔任議員，難免需要為市民解決這類的問題，這一次，我是為市民作證。

一位住在內湖的許先生，他的私有地在某知名建商的基地旁，建商為了讓基地的建照能前後臨地，取得更高的容積率，疑似找了黑衣人，不斷騷擾他。

許先生為了維護權益，向地政事務所申請鑑界設立界樁，並且設立了圍籬。沒想到，這些黑衣人居然動手把圍籬給拆了，還對許先生說：「你這個圍籬是違建。」

在忍無可忍之下，許先生去報案，並且向建管處確認他所設立的圍籬是合法的。而當他正在自己的土地上重建圍籬時，黑衣人竟又現身阻止，並且出聲恐嚇他。

感受到生命財產遭受威脅與侵害，許先生來向我陳情，希望我能為他主持公道。

建商不願意向許先生收購土地，而是採用不當手段，甚至知道許先生找我為他主持公道後，還找另一位議員來向我關說。

那位議員打電話跟我說：「嘉瑜，那個建商是我的好朋友，他希望妳不要介入這件事，就讓這建商跟民眾自己去談吧。」

我則說：「如果建商願意跟民眾好好談，我當然不會介入，但今天這建商是去欺負民眾，我當然要幫民眾出一口氣！」

我鐵了心要幫助許先生，並且請我的助理幫助他把圍籬蓋回他的土地上。沒想到蓋圍籬那天一早，我接到記者打來的電話：

「高議員，聽說妳在幫民眾護航違建？我能去採訪妳，跟妳了解一下這個狀況嗎？」

傳出這樣的消息，顯見建商是想要抹黑我，利用媒體把這件事的風向球轉向我在為民眾的不法護航。

我向那位記者說明，這並不是在為違建護航，民眾已經跟建管處確認他所設的圍籬是合法的。

這位記者私下跟我的交情還不錯，他跟我坦白：「跟妳說，其實是某某議員跟我通風報信的。」

他口中的某某議員，就是之前建商找來關說我的那位！而且這位議員那天早上在記者打電話給我前，也打過電話來關心我，他說：「嘉瑜妳要小心喔，記者可能會去做報導喔。」

沒想到就是他去跟記者通風報信，更沒想到他有這種心機，這再次讓我見識到政治的黑暗面。過去我與那位議員還算有交情，但自此之後，我再也不跟這位議員有任何往來。

建商找黑衣人強拆圍籬的行徑已經夠惡劣，沒想到做賊的喊捉賊，建商居然反告許先生誹謗。

為此我開了記者會，並且發新聞稿，除了怕社會大眾被建商誤導我們在

聲援遭建商強拆圍籬的民眾。

為民眾護航違建，也為了避免被建商惡搞。

許先生出庭時，也找我去為他做證人。後來建商當然沒有告成，民眾也保住了他的土地。

事件圓滿落幕後，許先生送了我一座「伸張正義」的立牌，並且寫感謝狀給我。

在二〇一八年市議員選舉時，許先生也來為我站台，在台上跟民眾訴說我為他主持公道的過程，表達他對我的感謝與感動。

他說：「當我快要走投無路時，只有高議員不畏懼惡勢力，願意站出來幫我。」

我之所以願意站出來，都是為了感謝港湖民眾願意給我機會為他們服務。

我是來自基隆的異鄉人，但是在港湖民眾身上，卻感受到如家鄉父老般的溫暖支持，這一切，我始終銘感在心。

為了「真違建」被黑道大哥關切

批踢踢Gossiping版在二〇一五年十一月曾出現一則貼文，標題為〈〔爆卦〕殺議員被判死的黑衣人現身議員記者會〉，貼文寫著：

今天身體不舒服，心情嚴重低落，請假在家睡覺，做了一個噩夢！

夢裡面，有民進黨的議員到台北市東區的微風二館現身記者會，踢爆微風的商場內有兩百坪大違建。但是很奇怪，現場有一群黑衣人，從頭盯到尾。

夢裡隱約看出帶頭的人，長得好像潘×志醫師，旁邊的媒體朋友馬上糾正我，他說老弟，別再看了，這不是潘醫師，而是十年前買兇槍殺議員陳進棋的人，據說外號叫「瘋琴」的陳朝琴。

我更隱約瞥見，「瘋琴」好像抓著議員，說：

「看我面子」、

「看我面子」、

因為微風二館違建風波，第二次與微風槓上。

「看我面子」。

難道瘋琴也是鄉民，很重要時也會說三次嗎?!

下方是鄉民留言：

再殺一個？

跑來跑去，台灣是自由國家～

最近會不會有人失蹤會被自殺

殺議員可以變大尾耶，快去多殺幾個

沒有一個記者有沒敢報啦

以上並不是夢境，而是眼睜睜的事實。

二〇一五年，我與議員王威中一同踢爆位於忠孝東路四段的微風廣場二館，館內原本應該有十四個法定停車位和一條防火巷，這兩百坪的空間竟然被包覆成商場，出租給韓國知名潮牌。

北市建管處前往會勘後也認定這是違建，並且依《建築法》開罰三十萬元，限期微風二館必須在一週內改善。

很多人以為微風二館是一棟方方正正的建築物，但從空照圖看起來是ㄇ字型結構，ㄇ字型中間的天井原先是空地與停車場，如今卻被加裝鐵皮屋頂、封死車道出口，甚至占用防火巷，由原本只有八百坪的商場空間，暴增為一千坪。

業者將擴增的兩百坪違建租給韓國潮牌，竟向韓國業者收取每個月兩千萬租金！

一般店面如果有變更內裝的需求，必須先向建管處提出申請，但北市府卻放任大違建在東區街頭，完全沒有查報紀錄，我與王威中議員認為這已涉及包庇與圖利，要求北市政風處著手調查，更痛批財團為了賺錢無視法規，罔顧市民安全。

這是我第二次踢爆微風集團的違規事實，第一次是前面曾提及的無照停車場。

我和王威中議員去微風二館會勘以及開記者會，有位不速之客出現了。這位大哥來到現場了解情況之外，還上前來與我以及王威中交換名片，並且說：「有空大家一起吃個飯啊。」

我和王威中面面相覷。

大哥還意有所指，要我們別在市政總質詢時提出這件事。

這位大哥就是綽號「瘋琴」的陳朝琴，他這些舉動讓我與王威中感到遭受恐嚇。

儘管我們並不認為瘋琴真的敢動我們一根寒毛，但還是去向警局通報此事。

當時不只被黑道恐嚇，還遭受到其他壓力。由於聯邦銀行是微風二館的房東，而《自由時報》又與聯邦銀行關係良好，因此在報導這次新聞時，《自由時報》的報導方向對我們不利。

在批踢踢上，同樣有鄉民爆卦，標題為〈爆個大卦，反正超多記者都在看PTT，這個卦很多人都知道〉：

以下內容是我朋友爆的內幕，消息百分之百正確，因為不是一個記者知道而已。

我朋友是自由時報的小記者，他講上禮拜高嘉瑜跟王威中開記者會，爆料微風二館是大違建，而微風二館的房東是聯邦銀行，聯邦銀行跟《自由時報》是同一個財團。

聯邦集團事前就疑似有找個民進黨的議員在記者會前一晚，直接警告高王，說只要高王敢開記者會，微風、聯邦一定會整死高王。

高王不聽警告，照開，就發生陳朝琴恐嚇事件，和現在《自由時報》高層下令亂寫、惡整高嘉瑜了。

所以今天寫高嘉瑜這篇新聞的自由記者其實很無辜，高層下令不能不從。我記者朋友說，當基層記者有時真的充滿無奈，明明知道高沒問題，但還是要砍死她，沒問題都要寫成有問題。

微風與民進黨黨內某些人關係也不錯，這些黨內同志也來遊說我們放過微風，但不管媒體怎麼寫，有多少人來遊說，我與王威中還是堅持到底。

到了二〇一六年，除了繳交罰金，堵住微風二館防火巷的牆面也拆除了，這棟建物恢復了原本應有的安全性。

尼采有言：「凡殺不死我的，必使我更強大。」

我在遭受一次又一次打擊後，意志變得更堅強。

第九章

做「眼球運動」只是眼睛累而已

擔任兩屆台北市議員，我原本有意角逐二〇一六年立委選舉。當時，民進黨中央對於港湖有兩份民調報告，選對會的成員和各派系政要都看過，大家都知道，兩份內部民調皆顯示，無論港湖立委是兩個主要政黨或者三人對決，高嘉瑜都能贏。但沒有任何見面、約詢，為了大局，那時的民進黨決定禮讓親民黨，在港湖區不提名，我最後也只能尊重黨的決定不參選立委，這個舉動也讓支持我參選立委的港湖地區民眾失望了。

我安慰支持者們，我一樣會跑行程，一樣會為人民服務，會做好做滿第二任議員，並且再接再厲，二〇一八年繼續投入議員選戰。

還想繼續為港湖區居民做的事

內湖南港地區的交通問題向來為人詬病，因此我們努力促成捷運環狀線東環段，希望它能順利動工，跟文湖線、松山線、信義線、板南線串連起來，日後能疏緩港湖地區日益壅塞的交通。

環狀線東環段是我未來問政最大的重點，都更問題則是另一個重要項目。南港地區過去傳統以來是工業區，長久以來是住商混合住宅蓋在工業用地上，如果要都更也只能作為工業區。

因此我們在南港推動將工業區變更為「產業生活特定專用區」，這是為了讓原本在工業用地上蓋的住宅，在都更之後仍然能作為住宅使用，如此一來，南港的都更與發展可能性能夠提升。

由於「產業生活特定專用區」只有十年的申請優惠期限，必須在十年內完成都更與整合，因此在我議員任內我們積極推動，使其盡快落實，保障民眾未來有更舒適的家園。

此外，我們希望能讓年輕人敢婚敢生，從我就任議員以來最關心的就是增加公立幼稚園，提高抽籤率，以及鼓勵私立幼稚園轉型為非營利幼兒園。

抽不中公幼的父母只能讓孩子去讀私立幼稚園，增加了父母的負擔，因

（上）努力監督市政，責無旁貸。
（下）銀髮族的生活品質，需要大家來關心。

此有的父母乾脆不生孩子，甚至間接讓年輕人對於結婚卻步。

而許多人關注的長照問題，我們則在社區內落實。許多長輩住在老舊公寓裡，如果行走不便，根本不想出門，在缺乏活動下身體退化更快，造成更多照護問題。因此我們推動在鄰里社區中有個公共活動空間，提供老人共餐，大家聚會吃飯，飯菜會更香更好吃，藉此提高社區中的長者出門走動的意願。

我們盡力做到老有所終幼有所長，老人小孩安頓了，身為社會中主要勞動力的青壯年，才無後顧之憂，能全力拚經濟。

兩面不是人的議員候選人

由於與柯市長的友好關係，相較於前兩屆議員選舉，第三屆我選得特別辛苦。

柯市長當時與民進黨漸行漸遠，民進黨決定不再如二〇一四年禮讓柯市長，推派代表黨的市長候選人。我則陷入掙扎，被迫面臨選邊站的困境。

當時我在兩面不是人的氛圍中選舉，只要立場不是批判柯市長，就會有同志認為我背叛民進黨，他們要求我做到敵我分明、劃清界線。我甚至被民進黨市長候選人姚文智在眾人面前公開指責，並且要求我退出民進黨。

姚文智在二〇一八年四月二十二日民進黨尚未決定是否提名台北市長前舉辦「四二二機蛋大遊行」，喊出「守護台灣價值，建設國家首都」的口號，並且透過支持者及媒體鼓吹所有民進黨籍台北市議員都要參加，當時形塑的氛圍令所有議員不敢不參加，似乎只要沒參加姚文智的四二二大遊行就是「不愛民進黨的柯P同路人」。這次遊行包括所有被提名參選議員的新人，總共二十七名市議員候選人，只有我與王威中議員沒有連署、也沒有到場參加。當時有一家媒體私下透露被置入要求一定要報導只有我與王威中沒去參加的新聞，將我與王威中棒打成不愛黨、已經與民進黨背道而馳的異議

與柯市長關係友好。

分子，以至於我在黨內被罵得狗血淋頭，民進黨支持者對我的反彈聲浪也愈來愈大。

當時我之所以不參加四二二大遊行，一方面是因為遊行被定調為「柯黑大遊行」，我認為這樣的遊行定調對民進黨沒有好處，只會將民進黨推向極端，流失中間跟年輕選票的支持，另一方面我也不認同用這種方式逼人表態，何況當時民進黨尚未決定是否要推派候選人。

二〇一八年選舉，面臨到民進黨與年輕的中間選民大分裂的狀況。過去這些中間選民較支持民進黨，這次選舉則是傾向支持柯文哲，並且因為台北市長選戰推出姚文智，更加討厭民進黨，這間接使得民進黨的議員參選人，面臨到前所未有的考驗。

在如此艱困的選情下，我在港湖區參選以來第一次被要求聯合競選，即使所有參選的議員都比我資深，但我還是接受以身分證字號配票並配合黨部要求出錢宣傳聯合競選配票策略。

基於過去八年來的政績以及在地方上的深耕，就算因為配票而流失支持者的選票，我對自己的勝選仍然相當有信心。我相信是非與對錯，選民都看在眼裡。至於選邊站，這意義到底是什麼？

黨是我的信念。我的信念當然是支持民進黨候選人，因此心中並不存在選邊站的問題。

還記得競選期間姚文智曾在內湖地區辦造勢大會，我與其他港湖區議員候選人一同站台。台下有人對我大聲辱罵，叫我下台。

另一場造勢活動「守護台灣大遊行」，議員們都站上吉普車為姚文智拜票，我也站上吉普車了，一開始卻沒有議員願意跟我同一輛車，因為他們知道我一定會被民眾罵，跟我站在一起的議員只能被波及、自認倒楣。

後來只有王威中議員願意跟我同車，果不其然，我們兩人一路上被罵到臭頭。

有人對我們比出「倒讚」的手勢，有人大聲叫我們滾下車。一開始是零星幾個人，到後來是一大群人緊跟著我們這台吉普車，一邊跑一邊追著我們罵，高喊著：「高嘉瑜落選」、「高嘉瑜下台」……這如戲劇般的離譜情景，教我情何以堪。

做眼球運動只是眼睛累

選戰面臨倒數計時，二〇一八年十一月二十一日，民進黨在捷運圓山站附近舉辦大型造勢晚會。

那天我一大早出門拜票，下午站路口，晚上掃街，一直到晚上的造勢晚會，我幾乎沒有休息，也很少有機會去洗手間。

晚會中，當姚文智發言時，沒想到他話題一轉：

「有一位議員，年輕、美美的，陳菊講話的時候她就在，姚文智講話的時候，她就偷偷跑了。」原本站在他身後的我由於尿急，在他說這段話之前就暫離舞台，而當我一回到台上，就被民進黨支持者怒嗆：高嘉瑜下台！

我真的丈二金剛摸不著腦袋。

有人說：「高嘉瑜知道姚文智要罵她，所以尿遁去了。」不是！我是真的忍不住了，急著去上洗手間。我萬萬沒想到姚文智會在台上對著支持者說出這番話。

至於站在姚文智身後的我，被拍到嘟嘴、抿嘴唇、翻白眼……其實是因為選戰走到這一天，已經筋疲力竭，加上當天行程滿檔，已經在台上站了一個多小時，眼睛難免疲勞。

我的習慣是，當眼睛覺得乾澀時，就會轉轉眼珠子，做了「眼球運動」。沒料到意外被捕捉到，並且被放大檢視成為新聞焦點，還被指涉為是對姚文智翻白眼做鬼臉。

這次選戰，我與姚文智的關係一路被拿來做文章。從他要求我退黨，我

縱使受到外界的不諒解或質疑，我的出發點始終都是為了民進黨好。

們握手言和到「眼球運動」，一直到選戰最後，姚文智在台上「公審」我之後，許多朋友為我抱不平，甚至希望我在港湖區的選票超過姚文智……投票結果出爐，我在港湖區的得票數的確超過姚文智，票數共計三萬四千二百八十五票（得票率16．25％），是港湖區第一高票，全台北議員得票率第一高、總票數第二高。

回想這次選舉，若媒體沒有拿我跟姚文智做文章，在這次艱困的選情中，或許我拿不到這麼多票。選後我表達對姚文智的感謝，有人認為我是在趁機酸他，不夠厚道。但我是真心認為，若不是姚文智點名我、關心我、注意我，不會有這麼多人認識我，加深對我的印象，也讓我因眼球運動爆紅。

二〇一八年的選舉，對我而言是很大的壓力與挫折，面臨到排山倒海而來的批判與攻擊，面臨到民進黨支持者跟我的對立。

但是**我從來沒有考慮過要退黨。**

選舉期間，我的論點與出發點都是為了民進黨好。我認為以當時民進黨的狀況，與柯文哲白綠分手，這對於民進黨非常不利。

最後選舉結果出爐，民進黨提名的議員席次從二十七席掉到只剩十九席，不少表現優秀、問政認真的資深議員也意外中箭落馬。這顯示除了民進黨的基本盤無法鞏固，年輕人與中間選民的選票也流失了不少。

在逆境中讓我繼續撐下去的力量，是在市場與街頭巷尾拜票時，真切感受到民眾對我的熱情與好感。我決定走自己的路，相信自己，相信民眾。

我要證明：我的信念沒有錯。在關鍵時刻，我做的是正確的決定。

從來不想與任何人對立

當我站在吉普車上被民進黨傳統支持者喝倒采時，當車隊開到大巨蛋，我心想：我還是先回議會，先下車好了。

下車離開後，撞見在路上的遊行支持者，他們嗆我：「要愛台灣啊！」我回嗆：「愛台灣不是你們想的這樣，每個人對愛台灣的定義不一樣！」

我一邊走一邊跟他們解釋，直到回到議會裡。

有一次我媽媽看到媒體報導某位名嘴在政論節目上把我罵哭，媽媽不捨地傳LINE跟我說：「明明就是沒有的事，怎麼會把妳罵得這麼難聽？」其實當時我並不是被罵而哭了，而是想到對方這麼說我，我的家人會擔心我，想到這一點我才在當下有點哽咽。

我不希望從政這件事給我的家人帶來困擾。從我第一次決定參選時，媽媽就擔心地說：「選舉要花很多錢，妳會不會破產啊？」……而我總是讓他們對我放心，但這一次，我卻讓他們為我擔了很多的心。

其實我是一個沒有想太多的人。

想說什麼就說什麼，想做什麼就做什麼，做什麼事都本於初心，而這個初心的出發點是好的。

我的心中沒有算計，這也是為什麼我敢第一個為賴清德挺身而出。

我更不會因為討厭一個人或恨一個人，說出置對方於死地的話，或與對方對立。因此面對他人的攻擊時，我總是只努力想把自己的想法說出來，讓對方理解，因此常給了媒體捕風捉影或斷章取義的機會。

若是對方不理解我，我也不會怪對方，而是反省自己：也許是自己做得還不夠？自己做得不夠好？

被封為港湖女神

跟二〇一四選舉結果相較下來，二〇一八年我的得票數小幅成長，港湖區的得票率也比上一屆高。而如果以得票率16．25%來看，我是台北市第一。這代表我雖然流失了一些民進黨傳統支持者的票，但卻增加了跨黨派的支持票，尤其是在民進黨選情艱困大逆風的情況下，我還能突破上次的得票，真的很不容易。

我如此分析，在地方上的實質政績，每一天為自己奠基，才能真正讓候選人無後顧之憂。地方民意代表做過什麼事，幫助過多少人，民眾都看在眼裡。如此一來，民眾便不關心候選人的政治傾向，因此在內湖南港這個傳統上藍大於綠的選區，自從立委選舉改為單一選區兩票制之後，從蔡正元到李彥秀，港湖區一直以來都是國民黨當選立委，而我卻能跨越黨派，在港湖區拿到最高票。

滿多支持者對我說：「我支持國民黨，但我的票是投給妳的。」或是說：「我從來沒有支持過民進黨，但我願意把票投給妳。」

在這次選舉之後，我打開了全國知名度，卡提諾網站把我的「眼球運

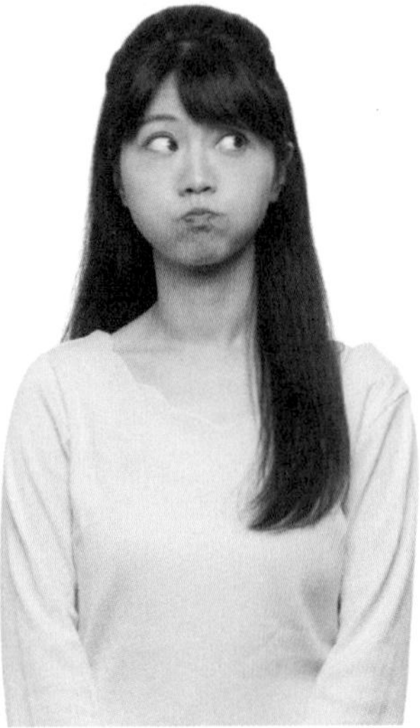

做成貼圖的眼球運動。

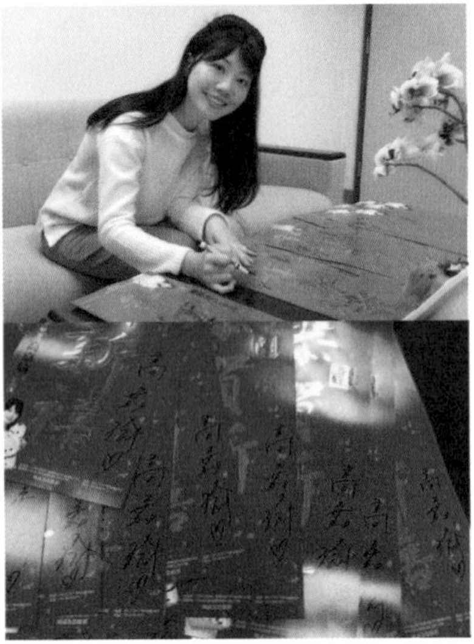

親筆簽名每一份春聯。

動」截圖做成貼圖在網路廣為流傳，還有人封我為「港湖女神」。

女神不敢當，只要能把港湖地區各種的「好」宣傳到全國各地，被稱為什麼我都願意。

每天在外跑行程，有更多人認出我，其中包含三、四歲的小朋友。

有阿公阿嬤帶小朋友特地來找我，阿公阿嬤說：「孫子在家看電視說很喜歡嘉瑜姐姐，說想要看看妳吶，我就帶孫子來找議員了。」

看到祖孫一起來找我，對我來說這比什麼都開心。

此外我每年都會拍生肖春聯送給支持者，二〇一九豬年，我便拍了幾款「眼球運動」作為豬年春聯，並且順勢找朋友的設計公司幫忙做成眼球運動正版LINE貼圖，推出後短暫地成為LINE貼圖排行榜第一名。

眼球運動LINE貼圖的收入我則分文未取，交由設計公司全權處理。民眾用了貼圖覺得高興，這比金錢的回饋多得更多。

往年生肖春聯我都印大約七、八千張，二〇一九豬年由於索取春聯的人特別多，我總共印了二萬多張，還加印了紅包袋，另外做了眼球運動特別版。

還記得我第一次做生肖春聯是虎年，我跟網友約了在捷運昆陽站見面，來的人可以領春聯，到最後，來的人不到十位。

二〇一九年豬年春聯，第一天我從上午十點開始發放，一邊發一邊簽名，一直簽到下午二點，總共發了五千多張。

從十張春聯到五千多張春聯，花了將近十年時間成長了五百倍，這不是僥倖得來，而是來自一路上從不放棄的努力。

不替自己的人生設限，主持工作也是歷練

做個好議員是我的本分，而若這本分盡心盡力做好了，有空暇的時間，去做其他嘗試我認為也是種歷練。

當WIN TV的談話性節目《我要當選》找上我主持，一開始我考量到怕

會耽誤議員工作，但製作單位很誠懇地說願意配合我的時間，一個星期最多錄影兩次，一次一個小時，我才答應下來。

WIN TV的董事長是李四端。我有次去上他的節目《大雲食堂》，李四端覺得我滿活潑的，反應也滿快，滿適合主持節目，剛好WIN TV想開政論節目，他便提議製作單位找我來試試看。

雖然我是主持人之一，但剛開始時，感覺自己也像個來賓，主持起來沒什麼壓力，跟當政論節目的來賓沒有兩樣，就是用我平常說話的方式跟來賓互動。

跟平時唯一的差別，是不能綁公主頭……節目造型師認為綁公主頭形象上看起來不像洗練的主持人，我只好遵照處理了。

從二〇一九年三月開始主持，沒想到過了半年節目還沒被停，對於主持工作也愈來愈上手。現在要我主持任何節目，我都沒在怕，尤其美食節目才是我的心頭好，例如介紹港湖或台北市的美食，並且跟市政結合在一起，請製作單位考慮一下這個構想，來找我吧！

現在容易引火自焚的反而是上政論節目。以前在政論節目說一說就算了，觀眾不會特別放在心上，近兩年在政論節目說的話則容易被媒體引用或放大，評論政治人物時，例如柯粉或韓粉會仔細聽來賓評論得有沒有錯，就算是無心的批評，也會被粉絲說你就是在黑柯文哲或韓國瑜，在網路上攻擊你。

舉例來說，有一陣子媒體在關注柯文哲在機場充電的事，我上《少康戰情室》時說，有一次柯文哲出國，他對著空姐說「Leave me alone」，之後被網友罵：「柯文哲才不是說Leave me alone，他是說Get away from me，你幹嘛這樣講柯文哲！」其實「Leave me alone」和「Get away from me」，哪種說法更有禮貌呢？這一點就交給英文好的人公評了。

如今上政論節目變成是個苦差事，可別認為我是樂在其中啊。

頂著新造型，第一次擔任節目主持人。

（上）參加網路雜誌封面拍攝。
（下）參加電器公會路跑。

年輕人認為藍綠與統獨是假議題

現今社會，年輕人是影響長者投票的主要因素。他們除了自己投票積極，也會去影響身邊的人。

此外，年輕人也認為藍綠與統獨是假議題，他們是所謂的「天然獨」，從懂事以來，台灣的年輕人早就認同台灣是個獨立的自由國家，既然是獨立國家，哪來統獨問題呢？因此他們很自然的不把焦點放在國家認同，而是關心自身的權益，比方說薪資、福利等等，民生經濟議題才是最重要的。

這一塊其實不只代表年輕選民，也代表中間選民的看法。

這一塊選民對於政治人物的要求，也比過去高得多。現在有許多網紅、youtuber、自媒體在監督政治，大家更期待的是政治人物能夠公開透明、專心問政，相較於過去的年輕人，現在的年輕人意識到政治人物的作為，與他們自身的權益息息相關，因此比從前更熱中於討論政治。現在的年輕人的批判性也比過去強，他們比較不會被所謂「紅媒」洗腦或被帶風向。年輕人的資訊來源管道非常多，不像老一輩的資訊來源只有電視。電視新聞的假消息，年輕人很快能找到其他資訊去反駁，假消息或造神在他們的世界裡是無所遁形的。

我的粉絲「瑜粉」，大部分也是這樣的年輕人，他們是大學生或研究生，或者是與我年紀相近、知識水準較高的青年，他們對政治有自己的看法也有興趣，我的形象與他們心目中理想的政治人物剛好吻合。

還有一些粉絲是喜歡嘉瑜姐姐的小朋友，看來我也適合去幼幼台當姐姐（笑）。

台灣有這幾代「天然獨」的小朋友、年輕人，讓我對台灣的未來並不悲觀，不管是我或是其他志同道合的同志，都正與他們肩併肩，走在同一條正確的道路上，我們一起守護著台灣。

第十章

我的力量來自民眾

過去民眾想到政治，總帶著些世襲的意味，誰是某位政治人物的兒子女兒，克紹箕裘，同樣也走上政治。或是誰是某個派系培植出來的新秀，他們一出馬手上就握有各界挹注的資源。

這些泛稱政二代或政三代的人，手上握有資源，起步或許比其他政治人物順遂，但能就此一帆風順嗎？我覺得倒也未必。

不久前有國中生來找我做職業訪談，他們想了解：身為政治人物在做什麼事？

政治對他們來說是一種職業，不需要有背景，不論是誰都可以投身，而我，便是無背景無資源的政治人物最佳代表之一。

這些國中生想了解我踏入政治的心路歷程，以及如何一步步走到今天。關於這個問題，我想對這些國中生、或是所有對投身政治有憧憬的年輕人說：

「打破傳統政治包袱，靠自己的努力讓別人看見，讓政治變得更淺顯易懂，帶給其他與我出身相似的年輕人希望與示範，是我的政治觀。」

投身政治首要條件：相信自己

「相信自己」，是我對自己的政治歷程所下的定義。

做一件事，過程中並不一定會得到很多鼓勵與支持。大部分人會對你潑冷水，或是看輕你，認為你一定做不到。

尤其政治的門檻對一般人而言相對更高，當別人認為你做不到時，「相信自己」會是力量的來源。

對自己有信心，才會有下一步與堅持的動力。

不只政治，不管做什麼工作，一路上都會有挫折與考驗，有的人會因為他人的冷言冷語或遭遇失敗，而無法走到最後。

試試看在一開始，先設立底線與目標。如果在某種程度下，你覺得自己已經全力以赴但還是做不到，這時才應該去思考放棄或轉換跑道。

如果在還沒努力前，就因為他人的不看好而放棄，這非常可惜。

從投身政治開始，沒有人可以倚靠的我，一直堅持著「相信自己」的信念。

前面曾經提過在參政初期我遭遇過一次又一次重挫，選議員被停權、選立委被換掉，這些都可能讓我無法走到今天。

但我總是這麼想：**再給自己一段時間努力看看。**

我不想讓自己在日後或年老時回想，後悔當初為何沒有堅持，因此我給自己一段全力以赴的時間。

不管結果如何，只要曾經努力，這些努力都會成為你的歷練，就算最後不如預期，你也不會是毫無所得。

（上）每週的法律諮詢服務。
（下）認真會勘聽取民意。

如果你不相信自己，別人更不會相信你，也不會給你支持。

如果你只想靠別人，請記住：**沒有人有義務幫你**。

訓練「靠自己」來完成一件事吧！念書靠自己，考試靠自己，工作靠自己，人生也是靠自己。

人的一生中大部分是孤身一人，愈早體認到自己才是你最大的力量，愈早能獨立完成一件事，更容易達成所謂的夢想或目標。

不要太早妄自菲薄，認為自己一定做不到。

我很早就明白在這個競爭激烈的環境，把自己完全交給別人是很危險的事。

還記得二〇〇七年以「雷雨奇兵」參選大安區立委時，我的競選文宣標語是：**靠自己不是靠背景**。

當時我的對手是李慶安，我們都知道李慶安的父親李煥曾當過行政院院長，她是所謂的「權貴」，曾經當過主播形象良好，手中握有的資源不知是我的幾倍，我這小蝦米要挑戰大鯨魚，可想而知有多麼困難。

因此我以「靠自己不是靠背景」來與她抗衡，期待真能發揮奇兵效果，出奇致勝。

我也想藉此告訴台灣的年輕人，台灣不像其他國家階級流動困難，只要你願意努力，一定會有機會翻轉人生。

「新政治」正在茁壯

近年來，政治環境以及政治人物的形態正在轉變，有人說這是「新政治」。

現在是網路化、一切都公開透明的時代，任何言行都要被檢驗與被挑戰，而政治人物必須要有被檢驗與挑戰的勇氣。

為真不破，才是「新政治」中爭取認同的關鍵。

此外，政治人物需要有自己的獨特性，就算想當政治網紅，若做個模仿別人的網紅，這只是一種虛假的政治網紅而已。

很多傳統政治人物，本身不是網路世代，現在也想仿傚網紅，他們做直播、拍MV、拍搞笑影片等等，但這些創意並不是來自他們自己，而是委託小編、助理等工作人員，或甚至投入重金找專業團隊來做，但這樣做出來的效果，在別人眼中看來就像隔了一層紗，或是隔靴搔癢，搔不到癢處。

對網路世代來說，一眼就能看出這些虛假的政治網紅並不在他們的同溫層中，只是想跟年輕人拉近距離，騙到年輕人的選票，反而造成了反效果。

年輕人喜歡的是真誠表現自己的政治人物。

比起嚴肅而完美，以及包裝好、經過設計的形象，現在的選民更願意接受政治人物的偶爾突槌、或是不按牌理出牌。

他們不要完人，也不需要高高在上的人，他們需要的是講真心話，能站在他們的角度說話的政治人物，而不是只會自說自話的政治人物。

也許有人會這麼說：「我就是不會表現自己啊！那我是否就不能從政了？」

我認為，只要認真問政，也能被民眾看見，也能夠得到肯定。

當然如果兩者都具備，那你肯定能成為「新政治」中的佼佼者，成為領袖。

做什麼事都要做到位

如今算計選票與利益得失的政治人物，很容易被看破手腳。因為當政治人物心中有太多算計時，他的表達與所作所為也會是盤算過的，民眾感受得出來這樣的政治人物是為自己，心中並無百姓。

我不知道我的政治路還能走多久，未來是否能選上立委、市長，甚至是總統也不得而知。

我向來不把考上最好的學校與當選這件事當作壓力，但是在結果出爐前，會盡力去做，例如考試前盡力讀書，參選前盡力打好選戰，當選後盡力

與其心機算盡，不如在每次跟選民的接觸上全力以赴，真誠相待。

做好議員的工作。

如果把競爭當作壓力，就可能會為了贏而不擇手段，忘記了初心，也讓自己陷入痛苦，這又何必呢！

另外在某個位置上的時候，有些人也許會給自己一定要造福他人、一定要完成某件事的壓力，認為這樣才是有成就感。但在我看來，這也是某種自我滿足，久而久之，會忘記剛開始投入工作時的快樂。

比方說，如果今天有某位直轄市首長想去選總統，由於這個想法，他可能要去尋求天后媽祖或是要去跟網紅直播來尋求支持，進而無暇處理市政，如此一來他就不是原來的自己，甚至可能迷失了自己。

可是如果這位首長專心把當下的市政做好，讓市民看到他確實關心人民的福祉，確實有政績，民眾自然而然會希望他出來當總統，而不是需要透過各種手段來謀取大位。

把所有事都做到位，事情自然會有好的結果。

水到渠成的力量絕對大於揠苗助長。

莫忘自己來自於基層，得之於基層

很多時候我必須面臨到利益的權衡，比方說民眾與建商，環保生態與發展，那麼我到底要選擇站在哪一方？

這時候，我的從政初衷會告訴我：我的力量來自民眾，站在民眾這一方吧！

身為民意代表不能忘記人民期待你做些什麼，也別忘記自己也是民眾的一分子，我們只是被選出來做事，我們的權力是民眾賦予的。

很多民意代表忘了自己也是來自於基層，而把自己放在社會階級的上方，我想做的則是打破階級。

社會目前仍存在許多不平等不公義的事，民眾給民意代表資源，就是希望這些他們一票票投出來、寄予厚望的政治人物，能夠扭轉社會的不公不義，以及非法利益。

村上春樹二〇一一年獲得耶路撒冷文學獎，在致詞時他說：

容我向你們傳達一個非常私人的訊息，這是我在創作時永遠牢記於心的話語。我從未將這句話真正行諸文字或貼在牆上，而是刻劃在我心靈深處的牆上。這句話是這樣的：

「以卵擊石，在高大堅硬的牆與雞蛋之間，我永遠站在雞蛋那方。」

無論高牆是多麼正確，雞蛋是多麼錯誤，我永遠站在雞蛋這邊。

誰是誰非，自有他人、時間、歷史來定論。

無論雞蛋多麼錯誤，我永遠站在雞蛋這邊。這句話對從政的人來說是非常重要的價值與信念，政治人物要在這個信念之上，努力去做出改變。

不管能做到多少，做得多快，就算改變極為緩慢，也有意義。

關心身邊的事物，就是政治

身為「新政治」潮流下的政治人物，努力的發聲，說出小小的不同意見，而不是說出包裝過的、口徑一致的意見，進而發生所謂「破窗效應」，才能及時矯正與補救正在發生的問題。

如果說出這些不同意見的政治人物愈多，那麼我們的社會與國家，一定能朝向好的方向改變。

政治是我們生活的一部分，日常生活中接觸到的事物，都與政治有關。政治需要更多人參與，而且我們希望政治年輕化，有更多新生代加入。

多多關心動保議題，關心環保議題，關心人口老化議題，關心住家附近的一草一木、公園綠化等問題……等等，就是在關心政治，都是政治的一部分。

關心能化成一股參與的動力，每個人就你所關心的議題來發聲，這便是在從事政治活動，而有機會實現你所期望改變的事。

這也會匯聚成一股監督檯面上政治人物的力量。

我希望透過這本書，能帶給有志於參與政治、甚至給所有年輕人希望。

像我這種沒有背景、助力微薄的人，也能靠自己殺出一條血路。出身的條件不會決定你的未來，態度才會。

如果你現在放棄，就等於是輸了。

實實在在做事，累積自己的實力，從挫折的經驗中學習，這些都會成為你的資產與資源，於是，不需要靠別人，你一定能夠成就你自己。

最後，時時刻刻懂得感恩。

我感謝所有給我支持、給我機會的民眾。

因為有你們，這十多年來我才能夠堅持不懈。

我願意為你們努力做得更好，做到最好。

後記

一直以為我的第一本書可能是港湖美食導覽，帶領大家了解、領略嘗試港湖的美食，沒想到第一本書卻是自己的人生故事，果然人生處處充滿了驚奇和意外，計畫時常趕不上變化，因此能做的大概就是認真面對當下的每個課題、確實的做好分內工作，用扎實的基礎準備好接受新的挑戰。

二〇一八年眼球運動事件後，許多出版社紛紛與我接洽，說他們和民眾都同樣好奇我的人生：「為什麼一個沒背景的女生，在台灣這樣講求出身的政壇，竟能有這樣好的表現？」其中皇冠出版社在與我聯絡的過程中最為積極，談著談著，我們也就決定合作，出版這本《相信自己》；我們都希望能透過此書的出版，鼓舞和我一樣來自平凡家庭的一般子弟，相信透過自己的努力，絕對能在台灣社會掙出屬於自己的一片天。

高中時的好友，到現在還時常聚會、聯絡，她們都相當訝異我的人生怎麼會走上政治這條路。在高中時我可是有個很可愛的綽號「高豬」，因為我愛吃、個性好相處，同學便幫我取了高豬這個可愛的綽號，曾幾何時，高豬因為看不慣生活裡陳舊結構的因循苟且，覺得能透過自己的努力讓大家過得更好，因而走上了公共事務這條道路。高中的好友們現在想來，還是覺得有那麼一點不可思議，而我認為，想讓大家過得更好以及嫉惡如仇這兩點，應該是我踏上這條路的原點，雖然朋友們還是常笑我，比起嫉惡如仇，我更像是「飢餓如仇」吧。

在台北市議員選舉中獲得第一高票，從來沒有讓我覺得這是理所當然，除了自己的努力外，當然還有大家的幫忙、欣賞以及運氣成分，曾經有議會同事當面對我說到底憑什麼高嘉瑜可以拿到第一高票時，我也問著自己，我是否仍然不畏權勢的站在民眾的角度處理眾人之事、我是否仍然是那個沒有派系沒有背景支持，在下雨天追著垃圾車努力發著文宣面紙的高嘉瑜。

感謝來自四面八方，大家的鼓勵、支持和相伴，為什麼我可以相信自己？因為一路有你／妳。僅將此書獻給每個相信自己，為生活、理想和未來，持續努力打拚的朋友，謝謝。

國家圖書館出版品預行編目資料

相信自己：「港湖女神」高嘉瑜的無畏哲學／高嘉瑜著.-- 初版.-- 臺北市：平安文化.
2019.10 面；公分（平安叢書；第642種）
（FORWARD；56）

ISBN 978-957-9314-39-8(平裝)

573.07 108015619

平安叢書第642種
FORWARD 56

相信自己

「港湖女神」高嘉瑜的無畏哲學

作　　者—高嘉瑜
發 行 人—平　雲
出版發行—平安文化有限公司
台北市敦化北路120巷50號
電話◎02-27168888
郵撥帳號◎18420815號
皇冠出版社（香港）有限公司
香港上環文咸東街50號寶恒商業中心
23樓2301-3室
電話◎2529-1778　傳真◎2527-0904
總 編 輯—龔橞甄
責任編輯—平　靜
美術設計—嚴昱琳
著作完成日期—2019年08月
初版一刷日期—2019年10月
法律顧問—王惠光律師

讀者服務傳真專線◎02-27150507
電腦編號◎401056
ISBN◎978-957-9314-39-8
Printed in Taiwan
本書定價◎新台幣380元／港幣127元